HARRAP'S

Serbo-Croat

PHRASE BOOK

Compiled by
LEXUS
with
Andrijana Hewitt

HARRAP

London   Paris

First published in Great Britain 1989
by HARRAP BOOKS LTD
19-23 Ludgate Hill London EC4M 7PD

© *Harrap Books Ltd/Lexus Ltd* 1989

ISBN 0 245-54754-1

Reprinted 1989

Printed in Great Britain by
Richard Clay Ltd, Bungay, Suffolk

CONTENTS

The phrase sections in this new book are concise and to the point. In each section you will find: a list of basic vocabulary; a selection of useful phrases; a list of common words and expressions that you will see on signs and notices. A full pronunciation guide is given for things you'll want to say or ask and typical replies to some of your questions are listed.

Of course, there are bound to be occasions when you want to know more. So this book allows for this by containing a two way Serbo-Croat-English dictionary with a total of some 5,000 references. This will enable you to build up your Serbo-Croat vocabulary, to make variations on the phrases in the phrase sections and to recognize more of the Serbo-Croat words that you will see or hear when travelling about.

As well as this we have given a menu reader covering about 200 dishes and types of food — so that you will know what you are ordering! And, as a special feature, there is a section on colloquial Serbo-Croat.

Speaking the language can make all the difference to your trip. So:

sretno!
sretno
good luck!

and

sretan put!
sretan poot
have a good trip!

PRONUNCIATION

In the phrase sections of this book a pronunciation guide has been given by writing the Serbo-Croat words as though they were English. So if you read out the pronunciation as English words a Yugoslav person should be able to understand you. Some notes on this:

H	as in the Scottish pronunciation of 'loch'
i	as in 'Yugoslavia'
ī	an 'i' sound as in 'high' or 'fly'
j	as in 'jockey'
J	like the 's' in 'treasure' or the 'z' in 'seizure'

The letter 'e' is always pronounced separately — as in 'get'. So for example **imate** is *i-ma-te* and not *I mate*!

Letters in bold type in the pronunciation guide mean that this part of the word should be stressed.

In the Menu Reader and the Serbo-Croat into English dictionary section we have followed Serbo-Croat alphabetical order. This differs from English in the following respects: c, č, ć; d, dž, đ; l, lj; n, nj; s, š; z, ž.

Translations are given in Croatian, which is the variant of Serbo-Croat spoken along the Adriatic coast. Serbian variants have been given if the word is common and the variant completely different from the Croatian. (*S*) stands for Serbian and (*C*) for Croatian.

To help you decipher Serbo-Croat:

c – ts	**j** – y
č, ć – ch	**ž** – s (as in 'leisure')
dž, đ – j	

6

GENERAL PHRASES

hello
zdravo
zdravo

hi
ciao
cha-oo

good morning
dobro jutro
dobro yootro

good afternoon
dobar dan
dobar dan

good evening
dobra veče
dobra veche

good night
laku noć
lakoo noch

pleased to meet you
drago mi je
drago mi ye

goodbye
doviđenja
dovijenya

cheerio
zdravo, ciao
zdravo, cha-oo

see you
vidimo se
vidimo se

GENERAL PHRASES

yes/no
da/ne
da/ne

yes please
da, molim
da molim

thank you/thanks
hvala
Huh-vala

thanks very much
puno hvala
poono Huh-vala

no thank you
hvala, ne
Huh-vala ne

please
molim
molim

you're welcome
nema na ćemu
nema na chemoo

sorry
(*familiar*) oprosti; (*polite*) oprostite
oprosti; oprostite

sorry? (*didn't understand*)
molim?
molim

how are you?
(*familiar*) kako si?; (*polite*) kako ste?
kako si; kako ste

very well, thank you
hvala, dobro
Huh-vala dobro

and yourself?
(*familiar*) a ti?; (*polite*) a vi?
a ti; a vi

8

GENERAL PHRASES

excuse me (*to get attention*)
molim vas?
molim vas

how much is it?
koliko košta?
koliko koshta

can I . . .?
mogu li . . .?
mogoo li

can I have . . .?
mogu li dobiti . . .?
mogoo li dobiti

I'd like to . . .
(*men say*) htio bih; (*women say*) htjela bih
нti-o biн; нtyela biн

where is . . .?
gdje je . . .?
guh-dye ye

it's not . . .
nije . . .
niye

is it . . .?
da li je . . .?
da li ye

is there . . . here?
ima li . . . ovdje?
ima li . . . ov-dye

could you say that again?
ponovite, molim vas
ponovite molim vas

please don't speak so fast
molim vas nemojte tako brzo govoriti
molim vas nemoyte tako buнrzo govoriti

I don't understand
ne razumijem
ne razoomiyem

GENERAL PHRASES

OK
dobro
dobro

come on, let's go!
hajde, idemo!
Hide idemo

what's your name?
(*familiar*) kako se zoveš; (*polite*) kako se zovete?
kako se zovesh; kako se zovete

what's that in Serbo-Croat?
kako se to kaže na srpskohrvatskom?
kako se to kaJe na suhrpsko-Huhrvatskom

that's fine!
dobro je!
dobro ye

besplatan	free
desno	right
informacije	enquiries
izlaz	exit, way out
lijevo	left
muški	gents
ne radi	out of order
otvoreno	open
parkiranje zabranjeno	no parking
rini	push
slobodno	vacant
ulaz	entrance
ulaz zabranjen	no entrance
vuci	pull
zabranjeno	forbidden
zahod	toilet
zatvoreno	closed
zauzeto	engaged
zenški	ladies

airport	aerodrom *a-erodrom*
baggage	prtljaga *puhrt-lyaga*
book (*in advance*)	rezervirati *rezervirati*
coach	autobus *a-ootoboos*
docks	dokovi *dokovi*
ferry	trajekt *tra-yekt*
gate (*at airport*)	izlaz *izlaz*
harbour	luka *looka*
plane	avion *avi-on*
sleeper	spavaća kola *spavacha kola*
station	(C) kolodvor/(S) stanica *kolodvor/stanitsa*
taxi	taksi *taksi*
terminal	terminal *terminal*
train	(C) vlak/(S) voz *vuhlak/voz*

a ticket to . . .
kartu za . . .
kartoo za

I'd like to reserve a seat
želim rezervirati mjesto
Jelim rezervirati myesto

smoking/non-smoking please
za pušače/nepušače molim
za pooshache/nepooshache molim

a window seat please
sjedište pokraj prozora, molim vas
syedishte pokrī prozora molim vas

which platform is it for . . .?
s kojeg perona ide (C) vlak/(S) voz za . . .?
suh koyeg perona ide vuhlak/voz za

what time is the next flight?
u koliko je sati slijedeći let?
oo koliko ye sati sliyedechi let

11

COMING AND GOING

is this the right train for . . .?
da li je ovo (C) vlak/(S) voz za . . .?
da li ye ovo vuhlak/voz za

is this bus going to . . .?
da li ovaj autobus ide u . . .?
da li ovi a-ootobus ide oo

is this seat free?
da li je ovo mjesto slobodno?
da li ye ovo myesto slobodno

do I have to change (trains)?
da li moram presjedati?
da li moram presiyedati

is this the right stop for . . .?
da li je ovo stanica za . . .?
da li ye ovo stanitsa za

is this ticket ok?
da li je ova karta u redu?
da li ye ova karta oo redoo

I want to change my ticket
želim promijeniti kartu
Jelim promiyeniti kartoo

thanks for a lovely stay
hvala vam na gostoprimstvu
Huh-vala vam na gostoprimstvoo

thanks very much for coming to meet me
najljepša hvala što ste me dočekali
nī-lyepsha Huh-vala shto ste me dochekali

well, here we are in . . .
pa, evo nas u . . .
pa evo nas oo

> **imate li što za prijaviti?**
> *imate li shto za priyaviti?*
> anything to declare?

12

COMING AND GOING

molim vas otvorite ovu torbu
molim vas otvorite ovoo torboo
would you mind opening this bag please?

aerodrom	airport
carina	customs
dolasci	arrivals
dolazak	arrival
domaći odlasci	domestic departures
garderoba	left luggage
izlaz	exit, way out, gate
kasni	delayed
let	flight
međunarodni odlasci	international departures
odlazak, odlasci	departure, departure(s)
prelaz	crossing
prtljaga	baggage claim
registracija putnika	check-in
ulaz	way in
uzletanje	take-off
vežite sigurnosne pojaseve	fasten your seatbelts
za nepušače	non smoking
za pušače	smoking

GETTING A ROOM

balcony	balkon *balkon*
bed	krevet *krevet*
breakfast	doručak *doroochak*
dining room	blagovaonica *blagova-onitsa*
dinner	večera *vechera*
double room	soba s bračnim krevetom *soba suh brachnim krevetom*
guesthouse	pansion *pansi-on*
hotel	hotel *нotel*
key	ključ *kuh-lyooch*
lunch	ručak *roochak*
night	noć *noch*
private bathroom	privatna kupaonica *privatna koopa-onitsa*
reception	recepcija *retseptsi-ya*
room	soba *soba*
shower	tuš *toosh*
single room	jednokrevetna soba *yednokrevetna soba*
with bath	s kupaonicom *suh koopa-onitsom*
youth hostel	omladinski hotel *omladinski нotel*

do you have a room for one night?
imate li sobu za jednu noć?
imate li soboo za yednoo noch

do you have a room for one person?
imate li sobu za jednu osobu?
imate li soboo za yednoo osoboo

do you have a room for two people?
imate li sobu za dvije osobe?
imate li soboo za duhviye osobe

we'd like to rent a room for a week
htjeli bismo iznajmiti sobu na tjedan dana
нuhtyeli bismo iznimiti soboo na tyedan dana

14

GETTING A ROOM

I'm looking for a good cheap room
tražim neku pristojnu, jeftinu sobu
traJim nekoo pristoynoo yeftinoo soboo

I have a reservation
imam rezervaciju
imam rezervatsiyoo

how much is it?
koliko košta?
koliko koshta

can I see the room please?
mogu li pogledati sobu molim?
mogoo li pogledati soboo molim

does that include breakfast?
da li je doručak uključen?
da li ye doroochak ooklyoochen

a room overlooking the sea
soba s pogledom na more
soba suh pogledom na more

we'd like to stay another night
želimo ostati još jednu noć
Jelimo ostati yosh yednoo noch

we will be arriving late
stići ćemo kasno
stichi chemo kasno

can I have my bill please?
račun molim
rachoon molim

I'll pay cash
plaćam u gotovini
placham oo gotovini

can I pay by credit card?
mogu li platiti kreditnom karticom?
mogoo li platiti kreditnom kartitsom

will you give me a call at 6.30 in the morning?
molim vas, nazovite me u 6.30 ujutro
molim vas nazovite me oo shest i trideset ooyootro

GETTING A ROOM

at what time do you serve breakfast/dinner?
u koliko je sati doručak/večera?
oo koliko ye sati doroochak/vechera

can we have breakfast in our room?
možemo li doručkovati u sobi?
moJemo li doroochkovati oo sobi

thanks for putting us up
hvala što ste nas smjestili
Huh-vala shto ste nas smyestili

dizalo	lift
nužni izlaz	emergency exit
omladinski hotel	youth hostel
pansion	boarding house
polu pansion	half board
prizemlje	ground floor
puni pansion	full board
recepcija	reception
soba s doručkom	bed and breakfast
sobe za iznajmiti	rooms to let
turistički zavod	tourist office
tuš	shower
zahod	toilet

bill	račun *rachoon*
dessert	desert *desert*
drink (*noun*)	piće *piche*
eat	jesti *yesti*
food	hrana *Hrana*
main course	glavno jelo *glavno yelo*
menu	jelovnik *yelovnik*
restaurant	restoran *restoran*
salad	salata *salata*
service	posluga *poslooga*
starter	predjelo *predyelo*
tip	napojnica *napoynitsa*
waiter	konobar *konobar*
waitress	konobarica *konobaritsa*

a table for three, please
stol za troje, molim
stol za troye molim

can I see the menu?
molim vas jelovnik?
molim vas yelovnik

we'd like to order
želimo naručiti
Jelimo naroochiti

what do you recommend?
što biste nam preporučili?
shto biste nam preporoochili

I'd like . . . please
(*men say*) želio/ (*women say*) željela bih . . . , molim vas
Jelio/Jelyela biH . . . molim vas

waiter!
konobar!
konobar

EATING OUT

waitress!
konobarice!
konobaritse

could we have the bill, please?
račun, molim
rachoon molim

two white coffees please
dvije kave s mlijekom, molim
duhviye kave suh mliyekom molim

that's for me
to je za mene
to ye za mene

some more bread please
donesite nam još kruha, molim vas
donesite nam yosh krooна molim vas

a bottle of red/white wine please
bocu crnog/bijelog vina, molim vas
botsoo tsuhr-nog/biyelog vina molim vas

ćevabdžinica	restaurant specializing in minced meat sausages and pork kebabs
jelovnik	menu
na ražnju	spit roast
riblji restaurant	fish restaurant
roštilj	grill
samoposluga	self-service restaurant
servis (nije) uključen	service (not) included
slastičarna	café serving ice cream, cakes and soft drinks
vinska karta	wine list
za van	take away

18

ajvar relish made of aubergine and peppers

baklava rich cake in syrup made of thin layers of pastry filled with walnuts
batak leg (poultry)
bečki odrezak Wiener schnitzel
beefsteak na tatarski steak tartar
bešamel umak béchamel sauce
bijela kava white coffee
bijeli kruh white bread
bijelo meso breast (poultry)
bijelo vino white wine
blitva mangold
bosanski lonac Bosnian hot-pot
brodet na dalmatinski način bouillabaisse Dalmatian style (fish stew)
burek minced meat or cheese in flaky pastry pie

Colbert juha clear soup with an egg yolk floating on top
crna kava black coffee
crni kruh brown bread
crno vino red wine
čaj sa limunom tea with lemon
ćevapčići rolls of minced meat
ćufte u sosu od rajčica meatballs in tomato sauce

dimljeni sir smoked cheese
dobro pečen well done
domaće kobasice na žaru grilled home-made sausages
džem od bresaka peach jam
džem od jagoda strawberry jam
džem od kajsija apricot jam
džem od marelica apricot jam
džem od šipaka rosehip jam
džem od šljiva plum jam

MENU READER

džigerica na žaru grilled liver
đuveč dish made of meat, rice and various vegetables

faširane šnicle minced meat steaks
francuska salata French salad – mixed vegetables and
  ham in mayonnaise

gibanica layered cheese pie
govedska juha s domaćim rezancima beef soup with
  home-made noodles
goveđa juha beef soup
goveđa juha sa rezancima beef soup with noodles
goveđe pečenje roast beef
goveđi gulaš beef goulash

hladna zakuska mixed hors d'oeuvre
hrenovke frankfurters; hot dogs

jaja sa slaninom bacon and eggs
jaja sa šunkom ham and eggs
janjeća jetra na žaru grilled lamb's liver
janjeće pečenje roast lamb
jetrena pašteta liver pâté
juha od rajčica tomato soup
juneći odrezak u povrću s prilogom beef with
  vegetables and garnish
junetina young beef

kajgana scrambled eggs
kajmak a rich creamy cheese
kesten pire chestnut purée
klekovača plum brandy with juniper
knedle sa sirom cheese dumplings
knedle sa šljivama plum dumplings
komovica grape brandy
kompot stewed fruit, compote
kompot od bresaka stewed peaches
konsome consommé
kotlet chop
krastavac cucumber
krem juha od povrća cream of vegetable soup

krem-karamel crème caramel
krempita squares of custard cream between two
layers of flaky pastry
krepka juha s jajem consommé with egg
krofne doughnuts
krompir pire mashed potatoes
kruškovača pear brandy
krvav rare
krvavica black pudding
kuhana govedina obložena povrćem boiled beef with
vegetables
kuhano boiled
kukuruzno brašno corn meal

lepinja type of pitta bread
leskovačka mućkalica pork escalope with onions and
hot peppers
lignje na žaru grilled squid

makovnjača poppy seed cake
maraskino maraschino
medenjaci honey biscuits
meko kuhano jaje soft-boiled egg
miješana salata mixed salad
miješano meso na žaru selection of grilled meats
miješano povrće mixed vegetables
mineralna voda mineral water
mlinci flat savoury pastry made from flour, eggs and
water
mljeveno meso minced meat
musaka od krompira potato moussaka

naravni teleći odrezak plain veal escalope
naravni omlet plain omelette
na ražnju on the spit
na roštilju barbecued; grilled
na žaru grilled

omlet sa šunkom ham omelette
orahnjača walnut cake
oranžada orange juice

MENU READER

osvježavajuća pića soft drinks
ovčiji sir ewe cheese

palačinke sa čokoladom pancakes with chocolate
palačinke sa džemom pancakes with jam
palačinke sa orasima pancakes with ground
  walnuts
palačinke sa sirom pancakes with cheese
pariški odrezak escalope in batter
paški sir cheese from the island of Pag
pašticada Dalmatian braised beef with chard and
  potatoes
pašticada sa njokama braised beef in tomato sauce
  with small dumplings
pecivo roll, bun
pečena piletina roast chicken
pečena purica s mlincima roast turkey with 'mlinci'
pečena raca s mlincima roast duck with 'mlinci'
pečene paprike fried peppers
pečeni krompir roast potatoes
pečeni puran sa mlincima roast turkey with 'mlinci'
pečurke na žaru grilled mushrooms
pileći paprikaš chicken stew
pire od špinata creamed spinach
pjenušavo vino sparkling wine
pljeskavica s lukom spicy beefburger with onion
pohani sir breaded fried cheese
pomfrit French fries
poriluk varivo stewed leeks
povrće vegetables
predjelo hors d'oeuvre
pršut smoked ham
pržen fried
pržene lignje fried squid
prženo jaje fried egg
puding blancmange-type puddings
punjen stuffed
punjene paprike stuffed peppers
punjeno u ... bottled in ...

ragout juha od teletine veal ragout soup

MENU READER

rezanci tagliatelle
ruska salata Russian salad
ružica rosé wine

salata od kiselih krastavaca pickled gherkin salad
salata od kiselog kupusa pickled cabbage salad
salata od krastavaca cucumber salad
salata od krompira potato salad
salata od paradajza tomato salad
salata od rajčice tomato salad
sarma stuffed cabbage leaves
sataraš stew made of onions, tomatoes, peppers and
  eggs
savijača sa jabukama apple strudel
savijača sa sirom cottage cheese strudel
servirati hladno serve cold
sir s vrhnjem cottage cheese with soured cream
sladoled s tučenim vrhnjem ice cream with whipped
  cream
slatko vino sweet wine
sok od ananasa pineapple juice
sok od borovnice blackcurrant juice
sok od bresaka peach juice
sok od jabuke apple juice
sok od jagode strawberry juice
sok od kajsije apricot juice
sok od maline raspberry juice
sok od marelice apricot juice
sok od naranče orange juice
sok od paradajza tomato juice
sok od rajčice tomato juice
sok od višnje sour cherry juice
somun type of pitta bread
stono vino table wine
suho vino dry wine
svinjska krmenadla pork chop
svinjska vješalica grilled pork fillet
svinjski kotlet pork chop
svinjski kotleti na samoborski pork chops in garlic
  sauce
svinjski ražnjići pork kebab

MENU READER

svinjsko pečenje roast pork
šampita squares of soft meringue between two layers
  of pastry
šaran na roštilju grilled carp
škampi na buzaru scampi buzara style (in tomato
  sauce)
šnenokle floating island (dessert)
štruklji sweet or savoury pastry, boiled with curd
  cheese filling and served with sour cream
šunka sa hrenom ham with horseradish
šunka s jajima ham and eggs

teleće pečenje roast veal
teleći medaljon fillet of veal
teleći odrezak veal escalope
torta gâteau
travarica brandy made from herbs
tučeno vrhnje whipped cream
turska kava Turkish coffee

umak sauce

voćna salata fruit salad
voćni pehar fruit coupe
voćni sok fruit juice
voda za piće drinking water

zagrebački odrezak 'cordon bleu' veal (cheese rolled
  in a slice of ham, then wrapped in a slice of veal,
  breaded and fried)
zelena salata lettuce
žestoka pića spirits

bar	šank *shank*
beer	pivo *pivo*
coke (R)	Coca Cola *koka kola*
dry	suho *sooнo*
fresh orange	prirodan sok od naranče *prirodan sok od naranche*
gin and tonic	džin i tonik *jin i tonik*
ice	led *led*
lager	lager *lager*
lemonade	limunada *limoonada*
red	crno *tsuhr-no*
straight	čisto *chisto*
sweet	slatko *slatko*
vodka	votka *votka*
whisky	viski *viski*
white	bijelo *biyelo*
wine	vino *vino*

let's go for a drink
idemo na piće
idemo na piche

a beer please
jedno pivo molim
yedno pivo molim

two beers please
dvije pive molim
dviye pive molim

a glass of red/white wine
čašu crnog/bijelog vina
chashoo tsuhr-nog/biyelog vina

with lots of ice
s puno leda
suh poono leda

25

HAVING A DRINK

no ice thanks
bez leda, molim
bez leda molim

can I have another one?
mogu li dobiti još jedan?
mogoo li dobiti yosh yedan

the same again please
još jedno molim
yosh yedno molim

what'll you have?
(*familiar*) što piješ?; (*polite*) što pijete?
shto piyesh; shto piyete

I'll get this round
ja častim
ya chastim

not for me thanks
ja ne bih ništa, hvala
ya ne biн nishta нuh-vala

he's absolutely smashed
on je potpuno naroljan
on ye potpoono narolyan

kafić	café-bar
kavana	café
limunada	lemonade, also fresh lemon juice with water
rakija	aquavit, brandy
sok od bresaka	peach juice
šljivovica	slivovitz, plum brandy
travarica	herb brandy
turska kava	Turkish coffee
vinjak	local brandy

barmy	čaknut *chaknoot*
bastard	svinja *suhvinya*
bird	mačka *machka*
bloke	frajer *fri-er*
boozer (*pub*)	birtija *birtiya*
nutter	luđak *loojak*
pissed	naroljan *narolyan*
thickie	glupan *gloopan*
twit	budala *boodala*

great!
izvrsno!
iz-vuhrsno

that's awful!
to je grozno!
to ye grozno

shut up!
zaveži!
zaveJi

ouch!
joj!
yoy

yum-yum!
mljac-mljac!
muhl-yats-muhl-yats

I'm absolutely knackered
potpuno sam iscrpljen
potpoono sam is-tsuhrp-lyen

I'm fed up
dosta mi je
dosta mi ye

27

COLLOQUIAL EXPRESSIONS

I'm fed up with ...
dosta mi je ...
dosta mi ye

don't make me laugh!
nemoj me nasmijavati!
nemoy me nasmiyavati

you've got to be joking!
šališ se!
shalish se

it's rubbish (*goods etc*)
to je bofl
to ye bofuhl

it's a rip-off
to je prevara
to ye prevara

get lost!
gubi se!
goobi se

it's a damn nuisance
to je prokleta gnjavaža
to ye prokleta guh-nyavaJa

it's absolutely fantastic
to je fantastično
to ye fantastichno

aj me meni!	oh Lord!
čudak	weirdo
izvan sebe od sreće	over the moon
nema frke	no problem
niti govora!	no way!
samo tren	hang on a minute
šminker	poser

GETTING AROUND

bike	bicikl *bitsikuhl*
bus	autobus *a-ootoboos*
car	auto, kola *a-ooto, kola*
change (*trains*)	presjedati *presyedati*
garage (*for fuel*)	benzinska pumpa *benzinska poompa*
hitch-hike	autostopirati *a-ootostopirati*
hydrofoil	hidrogliser *hidrogliser*
map	karta *karta*
moped	moped *moped*
motorbike	motocikl *mototsikuhl*
petrol	benzin *benzin*
return (ticket)	povratna karta *povratna karta*
single	karta u jednom smjeru *karta oo yednom smyeroo*
station	(Č) kolodvor/(S) stanica *kolodvor/stanitsa*
taxi	taksi *taksi*
ticket	karta *karta*
train	(C) vlak/(S) voz *vuhlak/voz*

I'd like to rent a car
želim iznajmiti auto
Jelim iznimiti a-ooto

how much is it per day?
koliko košta na dan?
koliko koshta na dan

when do I have to bring the car back?
kada moram vratiti auto?
kada moram vuhratiti a-ooto

I'm heading for ...
idem za ...
idem za

GETTING AROUND

how do I get to . . .?
kako dođem do . . .?
kako dojem do

REPLIES

ravno
ravno
straight on

okrenite lijevo/desno
okrenite liyevo/desno
turn left/right

to je ta zgrada tu
to ye ta zuh-grada too
it's that building there

to vam je u pravcu iz kojeg ste došli
to vam ye oo pravtsoo iz koyeg ste doshli
it's back that way

prva/druga/treća na lijevo
puhrva/drooga/trecha na liyevo
first/second/third on the left

we're just travelling around
mi putujemo okolo
mi pootooyemo okolo

I'm a stranger here
ja sam tu stranac
ya sam too stranats

is that on the way?
da li je to na putu?
da li ye to na pootoo

can I get off here?
mogu li ovdje sići?
mogoo li ovd-ye sichi

thanks very much for the lift
puno hvala na vožnji
poono ниh-vala na voɟnyi

GETTING AROUND

two returns to . . . please
dvije povratne karte za . . . molim
duhviye povratne karte za . . . molim

what time is the last train back?
u koliko je sati posljednji vlak za natrag?
oo koliko ye sati poslyednyi vuhlak za natrag

we want to leave tomorrow and come back the day after
želimo sutra otići a vratiti se prekosutra
Jelimo sootra otichi a vratiti se prekosootra

we're coming back the same day
vraćamo se istog dana
vuh-rachamo se istog dana

is this the right platform for . . .?
da li je ovo peron za . . .?
da li ye ovo peron za

is this train going to . . .?
da li ovaj (C) vlak/(S) voz ide za . . .?
da li ovi vuhlak/voz ide za

which station is this?
koja je ovo stanica?
koya ye ovo stanitsa

which stop is it for . . .?
na kojoj stanici treba sići za . . .?
na koyoy stanitsi treba sichi za

can I take my bike on the train?
smijem li staviti bicikl na (C) vlak/(S) voz?
suh-miyem li staviti bitsikuhl na vuhlak/voz

how far is it to the nearest petrol station?
koliko je udaljena najbliža benzinska pumpa?
koliko ye oodalyena nibliJa benzinska poompa

I need a new tyre
treba mi nova guma
treba mi nova gooma

31

GETTING AROUND

it's overheating
pregrijava se
pregriyava se

there's something wrong with the brakes
nešto nije u redu s kočnicama
neshto niye oo redoo suh kochnitsama

autoput	motorway
blagajna	ticket office
cestarina	toll
dolasci	arrivals
globa	penalty
informacije	enquiries
izlaz	exit
JŽ	Yugoslav National Railways
kazna	penalty
kolodvor	station
luka	harbour
nadoplata	excess fare
ne ometajte vozača	do not disturb the driver
neravni kolnik	bad road surface
odlasci	departures
opasan zavoj	dangerous bend
opasno	danger
peron	platform
put	road
radovi na putu	roadworks
regular	two-star
stajalište autobusa	bus stop
stanica	station
super	four-star
ulaz naprijed/otraga	entrance at the front/rear
ulaz zabranjen	no entry
upozorenje	caution
uspori	slow down
vagon restoran	buffet car
vozi oprezno	drive with care
zaobilaznica	diversion

carrier bag	vrečica *vuh-rechitsa*
cashdesk	blagajna *blagina*
cheap	jeftino *yeftino*
cheque	ček *chek*
department	odjel *odyel*
expensive	skupo *skoopo*
pay	platiti *platiti*
receipt	račun *rachoon*
shop	prodavaonica *prodava-onitsa*
shop assistant	prodavačica *prodavachitsa*
supermarket	samoposluga *samoposlooga*
till	kasa *kasa*

I'd like . . .
želim . . .
Jelim

have you got . . . ?
imate li . . . ?
imate li

how much is this?
koliko ovo košta?
koliko ovo koshta

can I just have a look around?
mogu li samo pogledati?
mogoo li samo pogledati

the one in the window
onaj u izlogu
oni oo izlogoo

do you take credit cards?
primate li kreditne kartice?
primate li kreditne kartitse

SHOPPING

could I have a receipt please?
dajte mi račun, molim vas?
dīte mi rachoon molim vas

I'd like to try it on
(*men say*) isprobao bih; (*women say*) isprobala bih
isprobao biн; isprobala biн

I'll come back
vratit ću se
vuh-ratit choo se

it's too big/small
prevelik/premali je
prevelik/premali ye

it's not what I'm looking for
nije baš ono što tražim
niye bash ono shto traJim

I'll take it
uzet ću
oozet choo

can you gift-wrap it?
možete li ga omotati u poklon papiru?
moJete li ga omotati oo poklon papiroo

blagajna	cash point
muška konfekcija	menswear
narodna radinost	craft shop
odjel	department
rasprodaja	sale
robna kuća	department store
samoposluga	supermarket
sniženje	sale
tržnica	market
ženska konfekcija	ladies fashions

YUGOSLAVIA AND THINGS YUGOSLAVIAN

burek	meat or cheese pie with flaky pastry
ćevapčići	rolls of minced meat with onions and pitta bread, a popular Yugoslav meal
Dan žena	Woman's Day − 8 March − special day for women − celebrations with parties at work or excursions
Dubrovačke ljetne igre	Dubrovnik Summer Arts Festival, July 10 − August 25
Moreška	traditional dance and mime drama symbolising a struggle between Turks and Moors, which has been performed for centuries on the island of Korcula
Prvi maj	1 May − Labour Day − national holiday lasting 2 days − everything closes down
rakija	any brandy or aquavit
Sinjska Alka	August 4 − held annually since 1715 − a tournament with local horsemen in striking 18th cent. costumes − they try, while riding at full gallop, to lance a ring suspended 3m above the ground
šlivovica	slivovitz, the Yugoslav national drink of plum brandy
Smotra folklora	festival of folk dance and music held in Zagreb in the last week of July
Spitsko ljeto	summer arts festival in Split with Diocletian's ruined palace as a backdrop
Stradun	famous street in the walled city of Dubrovnik
Vršac	wine-harvest festivities − Serbia (Sept 21-23)

bank	banka *banka*
bill	račun *rachoon*
bureau de change	mjenjačnica *myenyachnitsa*
change (*small*)	sitniš *sitnish*
cheque	ček *chek*
credit card	kreditna kartica *kreditna kartitsa*
Dinars	dinari *dinari*
Eurocheque	Euroček *e-oorochek*
exchange rate	kurs *koors*
expensive	skup *skoop*
pounds (sterling)	funte *foonte*
price	cijena *tsiyena*
receipt	priznanica *priznanitsa*
traveller's cheque	putnički ček *pootnichki chek*

how much is it?
koliko košta?
koliko koshta

I'd like to change this into . . .
želim ovo promijeniti u . . .
Jelim ovo promiyeniti oo

can you give me something smaller?
možete li mi dati sitnije?
moJete li mi dati sitniye

can I use this credit card?
smijem li koristiti ovu kreditnu karticu?
smiyem li koristiti ovoo kreditnoo kartitsoo

can we have the bill please?
račun molim
rachoon molim

please keep the change
molim vas zadržite kusur
molim vas zaduhr-Jite koosoor

MONEY

does that include service?
da li je uključen servis?
da li ye ooklyoochen servis

what are your rates?
koje su vaše cijene?
koye soo vashe tsiyene

I think the figures are wrong
čini mi se da je pogrešno zbrojeno
chini mi se da ye pogreshno zuh-broyeno

I'm completely skint
potpuno sam švorc
potpoono sam shuh-vorts

The unit is the dinar. To calculate new dinars or 'novi dinari' (*novi dinari*) from old dinars or 'stari dinari' (*stari dinari*) you subtract two zeros. An informal word for 'money' is 'lova' (*lova*). Some other informal words are:

hiljadarka *Hil-yadarka* 1,000 old dinars, 10 new dinars
cener *tsener* 10,000 old dinars, 100 new dinars
som *som* 100,000 old dinars, 1,000 new dinars
milja *mil-ya* 1,000,000 old dinars, 10,000 new dinars

banka	bank
blagajnik	teller
čekovna kartica	cheque card
gotovina	cash
kreditna kartica	credit card
kupovni tečaj	buying rate
kurs	exchange rate
prodajni tečaj	selling rate
putnički ček	traveller's cheque
strana valuta	foreign currency
tečaj	exchange rate

ENTERTAINMENT

band (*pop*)	grupa *groopa*
cinema	kino *kino*
concert	koncert *kon-tsert*
disco	disco *disko*
film	film *film*
go out	izaći *izachi*
music	muzika, glazba *moozika, glazba*
play (*theatre*)	kazališni komad *kazalishni komad*
seat	mjesto *muh-yesto*
show	predstava *predstava*
singer	pjevač *puh-yevach*
theatre	(C) kazalište/(S) pozorište *kazalishte/pozorishte*
ticket	karta *karta*

are you doing anything tonight? (*said to a woman*)
što radiš večeras?
shto radish vecheras

do you want to come out with me tonight?
hoćeš li sa mnom izaći večeras?
Hochesh li sa muh-nom izachi vecheras

what's on?
što igra?
shto igra

which is the best disco round here?
koji je ovdje najbolji disco?
koyi ye ovd-ye nibolyi disko

let's go to the cinema/theatre
idemo u kino/kazalište
idemo oo kino/kazalishte

I've seen it
(*men say*) to sam gledao; (*women say*) to sam gledala
to sam gledao; to sam gledala

38

ENTERTAINMENT

I'll meet you at 9 o'clock at the station
čekat ću te u 9 sati kod kolodvora
chekat choo te oo devet sati kod kolodvora

can I have two tickets for tonight?
dvije karte za večeras molim?
duh-viye karte za vecheras molim

I'd like to book three seats for tomorrow
želim rezervirati tri karte za sutra
Jelim rezervirati tri karte za sootra

do you want to dance?
hoćeš li plesati?
Hochesh li plesati

do you want to dance again?
hoćeš li opet plesati?
Hochesh lo opet plesati

thanks but I'm with my boyfriend
hvala ali sam došla s dečkom
Huh-vala ali sam doshla suh dechkom

let's go out for some fresh air
idemo malo na zrak
idemo malo na zuh-rak

will you let me back in again later?
hoćete li me ponovno pustiti unutra kasnije?
Hochete li me ponovno poostiti oonootra kasniye

I'm meeting someone inside
(men say) dogovorio sam se s jednom osobom unutra
dogovorio sam se suh yednom osobom oonootra

(women say) dogovorila sam se s jednom osobom unutra
dogovorila sam se suh yednom osobom oonootra

blagajna	booking office
luna park	funfair
rasprodano	sold out
u glavnim ulogama	starring

THE BEACH

beach	plaža *plaJa*
beach umbrella	suncobran *soon-tsobran*
bikini	bikini *bikini*
dive	roniti *roniti*
sand	pijesak *piyesak*
sea	more *more*
sunbathe	sunčati se *soonchati se*
suntan lotion	losion za sunčanje *losi-on za soonchanye*
suntan oil	ulje za sunčanje *oolye za soonchanye*
swim	plivati *plivati*
swimming costume	kupaći kostim *koopachi kostim*
towel	ručnik *roochnik*
wave	val *val*

let's go down to the beach
idemo na plažu
idemo na plaJoo

what's the water like?
kakva je voda?
kakva ye voda

it's freezing
ledena
ledena

it's beautiful
krasna
krasna

are you coming for a swim?
hoćeš li se okupati?
носhesh li se okoopati

I can't swim
ne znam plivati
ne znam plivati

THE BEACH

he swims like a fish
kako pliva, čovjek bi rekao da je riba
kako pliva chovyek bi reka-o da ye riba

will you keep an eye on my things for me?
hoćete li mi pričuvati stvari?
Hochete li mi prichoovati stuh-vari

is it deep here?
da li je tu duboko?
da li ye too dooboko

could you rub suntan oil on my back?
možeš li mi utrljati ulja na leđima?
moJesh li mi ootuhr-lyati oolya na lejima

I love sun bathing
jako se volim sunčati
yako se volim soonchati

I'm all sunburnt
(*men say*) sav sam izgorio od sunca; (*women say*) sva
sam izgorjela od sunca
*sav sam izgori-o od soontsa; suh-va sam izgor-yela od
soontsa*

you're all wet!
(*to man*) sav si mokar!; (*to woman*) sva si mokra!
sav si mokar!; suh-va si mokra

let's go up to the cafe
idemo u kavanu
idemo oo kavanoo

FKK	nude bathing
iznajmljuje se	for hire
ležaljka	deck chair
plima/oseka	high/low tide
riva	promenade

PROBLEMS

accident	nesreća *nesrecha*
ambulance	kola hitne pomoći *kola Hitne pomochi*
broken	slomljen *slom-lyen*
doctor	liječnik *liyechnik*
emergency	hitan slučaj *Hitan sloochi*
fire	požar *poJar*
fire brigade	vatrogasna brigada *vatrogasna brigada*
ill	bolestan *bolestan*
injured	ozlijeđen *ozliyejen*
late	kasno *kasno*
police	milicija *militsiya*

can you help me?
možete li mi pomoći?
moJete li mi pomochi?

I'm lost
(*men say*) izgubljen sam
izgooblyen sam

(*women say*) izgubljena sam
izgooblyena sam

I've lost my passport
(*men say*) izgubio sam pasoš; (*women say*) izgubila sam
pasoš
izgoobio sam pasosh; izgoobila sam pasosh

I've locked myself out of my room
(*men say*) zaključao sam se van iz sobe
zakuh-lyoocha-o sam se van iz sobe

(*women say*) zaključala sam se van iz sobe
zakuh-lyoochala sam se van iz sobe

my luggage hasn't arrived
prtljaga mi nije stigla
puhrt-lyaga mi niye stigla

42

PROBLEMS

I can't get it open
ne mogu ga otvoriti
ne mogoo ga otvoriti

it's jammed
zaglavilo je
zaglavilo ye

I don't have enough money
nemam dovoljno novaca
nemam dovolyuh-no novatsa

I've broken down
(*men say*) ostao sam u kvaru; (*women say*) ostala sam u
kvaru
osta-o sam oo kuh-varoo; ostala sam oo kuh-varoo

this is an emergency
hitno je
нitno ye

help!
upomoć!
oopomoch

it doesn't work
ne radi
ne radi

the lights aren't working in my room
svijetlo ne radi u mojoj sobi
sviyetlo ne radi oo moyoy sobi

the lift is stuck
lift je zaglavljen
lift ye zaglavlyen

I can't understand a single word
ne razumijem ni jednu riječ
ne razoomiyem ni yednoo riyech

can you get an interpreter?
možete li pozvati tumača?
moʒete li pozvati toomacha

PROBLEMS

the toilet won't flush
voda ne radi u W.C.u
voda ne radi oo ve-tse-oo

there's no plug in the bath
nema čepa za kadu
nema chepa za kadoo

there's no hot water
nema tople vode
nema tople vode

there's no toilet paper left
nema više W.C. papira
nema vishe ve-tse papira

this man has been following me
ovaj me čovjek slijedi
ovi me chovyek sliyedi

I've been mugged
opljačkali su me
oplyachkali soo me

my handbag has been stolen
ukrali su mi tašnu
ookrali soo mi tashnoo

čuvajte se	beware
ne radi	out of order
nužni izlaz, izlaz	emergency exit
u slučaju opasnosti	
ulaz zabranjen	keep out
upozorenje	warning
visoki napon	high voltage
zabranjeno	do not, forbidden

44

bandage	zavoj *zavoy*
blood	krv *kuhrv*
broken	slomljen *slomlyen*
burn	opekotina *opekotina*
chemist's	ljekarna *lyekarna*
contraceptive	kontracepcijsko sredstvo *kontratsep-tsiysko sred-stuh-vo*
dentist	zubar *zoobar*
disabled	invalid *invalid*
disease	bolest *bolest*
doctor	liječnik *liyechnik*
health	zdravlje *zuhd-rav-lye*
hospital	bolnica *bolnitsa*
ill	bolestan *bolestan*
nurse	medicinska sestra *meditsinska sestra*
wound	rana *rana*

I don't feel well
ne osječam se dobro
ne os-yecham se dobro

it's getting worse
pogoršava se
pogorshava se

I feel better
bolje se osječam
bolye se os-yecham

I feel sick
muka mi je
mooka mi ye

I've got a pain here
ovdje me boli
ovd-ye me boli

HEALTH

it hurts
boli
boli

he's got a high temperature
ima visoku temperaturu
ima visokoo temperatooroo

could you call a doctor?
možete li pozvati liječnika?
moJete li pozvati liyechnika

is it serious?
da li je nešto ozbiljno?
da li ye neshto oz-bilyuh-no

will he need an operation?
da li treba operirati?
da li treba operirati

I'm diabetic
ja sam diabetičar
ya sam di-abetichar

keep her warm
utoplite je
ootoplite ye

have you got anything for . . . ?
imate li nešto za . . . ?
imate li neshto za

ambulanta	surgery
bolnica	hospital
hitna pomoć	casualty (*department*)
ljecnik opće prakse	GP
ljekarna	chemist's
prva pomoć	first aid
recept	prescription
stanica za hitnu pomoć	first aid post
uzimati tri puta na dan prije jela	to be taken three times a day before meals

46

I want to learn to sailboard
želim naučiti jedriti na dasci
Jelim na-oochiti yedriti na das-tsi

can we hire a sailing boat?
možemo li iznajmiti jedrilicu?
moJemo li iznimiti yedrilitsoo

how much is half an hour's waterskiing?
koliko košta skijanje na vodi na pola sata?
koliko koshta skiyanye na vodi na pola sata

I want to have lessons in skin-diving
želim uzimati satove iz podvodnog ronjenja
Jelim oozimati satove iz podvodnog ronyenya

can we use the tennis court?
smijemo li koristiti tenisko igralište?
smiyemo li koristiti tenisko igralishte

how much is a ski-pass?
koliko košta dnevna karta za skijanje?
koliko koshta duh-nevna karta za skiyanye

we're going to do some hill-walking
idemo planinariti
idemo planinariti

is there a football match on today?
igra li se nogometna utakmica danas?
igra li se nogometna ootakmitsa danas

is it possible to do any horse-riding here?
postoji li mogućnost ovdje za jahanje?
postoyi li mogoochnost ovd-ye za yaнanye

this is the first time I've ever tried it
ovo mi je prvi put
ovo mi ye puhrvi poot

47

THE POST OFFICE

letter	pismo *pismo*
poste restante	post restante *post restant*
post office	pošta *poshta*
recorded delivery	preporučeno *preporoocheno*
send	poslati *poslati*
stamp	marka *marka*
telegram	telegram *telegram*

how much is a letter to Ireland?
koliko dođe marka za pismo za Irsku?
koliko doje marka za pismo za Irsku

I'd like four ... dinar stamps
molim vas četiri marke od po ... dinara
molim vas chetiri marke od po ... dinara

I'd like six stamps for postcards to England
molim vas šest maraka za razglednice za Englesku
molim vas shest maraka za razglednitse za engleskoo

is there any mail for me?
ima li kakve pošte za mene?
ima li kakve poshte za mene

I'm expecting a parcel from ...
čekam paket iz ...
chekam paket iz

ekspres, hitno	special delivery
marka	stamp
pošiljalac	sender
pošta	post office, mail
poštanski broj	post code
preporučeno	registered

directory enquiries	informacije *informatsiye*
engaged	zauzeto *za-oozeto*
extension	kućni broj *koochni broy*
number	broj *broy*
operator	operater *operater*
phone (*verb*)	nazvati *nazvati*
phone box	telefonska govornica *telefonska govornitsa*
telephone	telefon *telefon*
telephone directory	telefonski imenik *telefonski imenik*

is there a phone round here?
ima li tu negdje telefon?
ima li too neg-dye telefon

can I use your phone?
smijem li nazvati?
smiyem li nazvati

can I make a phone call to Britain?
mogu li nazvati Veliku Britaniju?
mogoo li nazvati velikoo britaniyoo

I want to reverse the charges
želim nazvati na njihov račun
Jelim nazvati na nuh-yiнov rachoon

hello
halo
нalo

could I speak to Anna?
molim vas Anu
molim vas Anoo

hello, this is Simon speaking
halo, ovdje Simon
halo ovd-ye Simon

49

can I leave a message?
mogu li ostaviti poruku?
mogoo li ostaviti porookoo

do you speak English?
govorite li engleski?
govorite li engleski

could you say that again very very slowly?
molim vas ponovite to, ali vrlo vrlo sporo
molim vas ponovite to ali vuhr-lo vuhr-lo sporo

could you tell him Jim called?
recite mu da je zvao Jim, molim vas
retsite moo da ye zuh-va-o Jim molim vas

could you ask her to ring me back?
recite joj da me nazove, molim vas
retsite yoy da me nazove molim vas

I'll call back later
zvat ću kasnije
zuh-vat choo kasniye

my number is . . .
moj je broj . . .
moy ye broy

76 32 11
sedam šest tri dva jedan jedan
sedam shest tri duh-va yedan yedan

just a minute please
samo trenutak, molim vas
samo trenootak molim vas

he's not in
nije kod kuće
niye kod kooche

sorry, I've got the wrong number
oprostite, dobio sam pogrešan broj
oprostite dobio sam pogreshan broy

TELEPHONING

it's a terrible line
užasna je veza
ooJasna ye veza

REPLIES

ostanite na liniju
ostanite na liniyoo
hang on

tko je na telefonu?
tuh-ko ye na telefonoo
who's calling?

informacije	directory enquiries
međugradski poziv	long distance call
okrenite broj	dial number
podignuti slušalicu	lift handset
ubaciti novac	insert money
zauzeto	engaged

THE ALPHABET

how do you spell it?
kako se to piše?
kako se to pishe

I'll spell it
piše se . . .
pishe se

a *a*	**đ** *juh*	**k** *kuh*	**p** *puh*	**v** *vuh*
b *buh*	**e** *e*	**l** *luh*	**q** *kvuh*	**w** *doobuhl-ve*
c *tsuh*	**f** *fuh*	**lj** *luh-yuh*	**r** *ruh*	**x** *iks*
č *chuh*	**g** *guh*	**m** *muh*	**s** *suh*	**y** *ipsilon*
ć *chuh*	**h** *Huh*	**n** *nuh*	**š** *shuh*	**z** *zuh*
d *duh*	**i** *i*	**nj** *nuh-yuh*	**t** *tuh*	**ž** *Juh*
dž *juh*	**j** *yuh*	**o** *o*	**u** *oo*	

0	nula *noola*
1	jedan *yedan*
2	dva *duh-va*
3	tri *tri*
4	četiri *chetiri*
5	pet *pet*
6	šest *shest*
7	sedam *sedam*
8	osam *osam*
9	devet *devet*
10	deset *deset*
11	jedanaest *yedana-est*
12	dvanaest *duh-vana-est*
13	trinaest *trina-est*
14	četrnaest *chetuhrna-est*
15	petnaest *petna-est*
16	šesnaest *shesna-est*
17	sedamnaest *sedamna-est*
18	osamnaest *osamna-est*
19	devetnaest *devetna-est*
20	dvadeset *duhvadeset*
21	dvadeset i jedan *duhvadeset i yedan*
22	dvadeset i dva *duhvadeset i duh-va*
30	trideset *trideset*
35	trideset i pet *trideset i pet*
40	četrdeset *chetuhrdeset*
50	pedeset *pedeset*
60	šezdeset *shezdeset*
70	sedamdeset *sedamdeset*
80	osamdeset *osamdeset*
90	devedeset *devedeset*
100	sto *sto*

NUMBERS, THE DATE, THE TIME

101	sto jedan	*sto yedan*
200	dvjesto	*duh-vyesto*
300	tri sto	*tri sto*
400	četiri sto	*chetiri sto*
500	pet sto	*pet sto*
600	šest sto	*shest sto*
700	sedam sto	*sedam sto*
800	osam sto	*osam sto*
900	devet sto	*devet sto*
1,000	tisuća	*tisoocha*
2,000	dvije tisuće	*duhviye tisooche*
5,000	pet tisuća	*pet tisoocha*

7,550
sedam tisuća pet sto pedeset
sedam tisoocha pet sto pedeset

1,000,000
(C) milijun/(S) milion
mili-yoon/mili-on

1st	prvi	*puhrvi*
2nd	drugi	*droogi*
3rd	treći	*trechi*
4th	četvrti	*chetvuhrti*
5th	peti	*peti*
6th	šesti	*shesti*
7th	sedmi	*sedmi*
8th	osmi	*osmi*
9th	deveti	*deveti*
10th	deseti	*deseti*

what's the date?
koji je danas datum?
koyi ye danas datoom

it's the 12th of January 1994
dvanaesti siječnja tisuću devet sto devedeset četvrte
duhvana-esti siyech-nya tisoochoo devet sto devedeset
chetvuhrte

NUMBERS, THE DATE, THE TIME

what time is it?
koliko je sati?
koliko ye sati

it's midday/midnight
podne/ponoć je
podne/ponoch ye

it's one/it's three o'clock
jedan je sat/tri je sata
yedan ye sat/tri ye sata

it's half past eight
osam i pol
osam i pol

it's a quarter past/to five
pet i/manje petnaest
pet i/man-ye petna-est

it's ten past seven
sedam i deset
sedam i deset

it's twenty to nine
devet manje dvadeset
devet man-ye duhvadeset

it's six a.m./p.m.
šest ujutro/navečer
shest ooyootro/navecher

at two/five p.m.
u dva/pet popodne
oo duh-va/pet popodne

A

a jedan
about (*approx*) oko
above iznad
abroad u inozemstvu
accelerator pedala gasa
accent naglasak
accept prihvatiti
accident nesreća
accommodation smještaj
accompany pratiti
ache (*noun*) bol
adaptor (*plug, for voltage*)
  ispravljač
address adresa
address book adresar
adult odrastao
advance: in advance
  unaprijed
advise savjetovati
aeroplane avion
afraid: I'm afraid (of) bojim
  se
after poslije
afternoon poslije podne
aftershave losion za brijanje
afterwards kasnije
again opet
against protiv
age starost
agency agencija
agent agent; (*for cars*)
  predstavništvo
aggressive agresivan
ago: three days ago prije tri

dana
agree: I agree slažem se
AIDS SIDA
air zrak; **by air** avionom
air-conditioned klimatizirano
air-conditioning
  klimatizacija
air hostess stjuardesa
airline avionska kompanija
airmail: by airmail avionom
airport aerodrom
alarm (*noun*) uzbuna
alarm clock budilica
Albania Albanija
Albanian (*adjective, language*)
  albanski
alcohol alkohol
alive živ
all: all men/women svi
  muškarci/sve žene; **all the
  milk/beer** svo
  mlijeko/pivo; **all day** čitav
  dan
allergic to alergičan na
all-inclusive sve je uključeno
allow dozvoliti
allowed dozvoljeno
all right: that's all right u
  redu
almost gotovo
alone sam
already već
also također
alternator alternator
although mada, iako
altogether sasvim
always uvijek
a.m.: at 5 a.m. u 5 ujutro

55

ambulance kola hitne pomoći
America Amerika
American američki
among među
amp: 13-amp od 13 ampera
ancestor predak
anchor sidro
ancient drevan
and i
angina angina pektoris
angry ljut
animal životinja
ankle gležanj
anniversary *(wedding)*
  godišnjica
annoying dosadno
anorak vjetrovka
another drugi; **another beer**
  još jedno pivo
answer odgovor
answer *(verb)* odgovoriti
ant mrav
antibiotic antibiotici
antifreeze antifriz
antihistamine antihistaminik
antique antikvitet
antique shop antikvarnica
antiseptic antiseptik
any: have you got any
  butter/bananas? imate li
  maslaca/banana?; **I don't**
  have any nemam
anything išta
anyway uostalom
apartment stan
aperitif aperitiv
apologize ispričati se
appalling užasan
appendicitis upala slijepog
  crijeva
appetite apetit
apple jabuka
apple pie pita od jabuka

appointment sastanak; *(at*
  doctor's) dogovor
apricot marelica
April *(C)* travanj/*(S)* april
archaeology arheologija
area područje
arm ruka
arrest uhapsiti
arrival dolazak
arrive stići
art umjetnost
art gallery umjetnička
  galerija
artificial umjetan
artist umjetnik
as *(since)* budući da; **as**
  beautiful as isto toliko lijep
  koliko
ashamed posramljen
ashtray pepeljara
ask *(question)* pitati; **ask for**
  zamoliti
asleep spava
asparagus šparoga
aspirin aspirin
asthma astma
astonishing zapanjujući
at: at the station na
  kolodvoru; **at Ana's** kod
  Ane; **at 3 o'clock** u 3 sata
Atlantic Atlantski ocean
attack *(noun)* napadaj
attractive privlačan
aubergine patlidžan
audience publika
August *(C)* kolovoz/*(S)*
  august
aunt tetka
Australia Australija
Australian australski
Austria Austrija
Austrian austrijski
automatic automatski

autumn jesen
awake budan
awful grozan
axe sjekir
axle osovina

B

baby beba
baby-sitter osoba koja čuva djecu
bachelor neženja
back poleđina; (*of body*) leđa; **at the back** straga; **the back wheel/seat** zadnji kotač/zadnje sjedalo
backpack ruksak
bacon slanina
bad loš
badly loše
bag torba; (*suitcase*) kovčeg
bake peći
baker's pekara
balcony balkon
bald ćelav
ball (*large*) lopta; (*small*) loptica
banana banana
bandage zavoj
bank banka
bar kafić; (*in hotel*) šank
barbecue roštilj
barber's brijačnica
barmaid konobarica
barman barmen
basement podrum
basket koš
bath kupanje
bathing cap kapa za plivanje
bathroom kupaonica
bathtub kada

battery baterija; (*for car*) akumulator
be biti
beach plaža
beans grah; **green beans** mahune
beard brada
beautiful lijep
because zato što; **because of** zbog
become postati
bed krevet
bed: single/double bed krevet za jednu osobu/bračni krevet; **go to bed** leći
bed linen posteljina
bedroom spavaća soba
bee pčela
beef junetina; (*for boiling*) govedina
beer pivo
before prije
begin početi
beginner početnik
beginning početak
behind iza
beige bež
Belgium Belgija
Belgrade Beograd
believe vjerovati
bell zvono
belong pripadati
below ispod
belt (*noun*) pojas
bend (*noun*) okuka
best: the best najbolji
better bolji
between između
bicycle bicikl
big velik
bikini bikini
bill račun

binding (*ski*) vez
bird ptica
biro (*R*) kemijska olovka
birthday rođendan; **happy birthday!** sretan rođendan!
biscuit keks
bit: **a little bit** malo
bite (*verb*) gristi; (*insect*) ubosti
bitter gorak
black crn
black and white crno-bijeli
blackberry kupina
bladder mjehur
blanket pokrivač
bleach bjelilo
bleed krvariti
bless: **bless you!** nazdravlje!
blind (*person*) slijep
blister plik
blocked blokiran
blond plav
blood krv
blood group krvna grupa
blouse bluza
blow-dry fen frizura
blue plav
boarding pass karton za ulaz u avion
boat čamac
body tijelo
boil (*verb*) kuhati
bolt zasun
bolt (*verb*) povući zasun
bomb bomba
bone kost
bonnet (*car*) hauba
book knjiga
book (*verb*) rezervirati
bookshop knjižara
boot (*shoe*) čizma; (*car*) prtljažnik
border granica

boring dosadan
born: **I was born in 1963** rođen sam 1963
borrow posuditi
boss gazda
both oba; **I'll take both** uzet ću oba/obe
bottle boca
bottle-opener otvarač za boce
bottom dno; (*of body*) stražnica; **at the bottom of** na dnu
bowl (*soup etc*) zdjela
box kutija
box office blagajna
boy dječak
boyfriend dečko
bra grudnjak
bracelet narukvica
brake kočnica
brake (*verb*) kočiti
brandy konjak
brave hrabar
bread kruh; **white/wholemeal bread** bijeli kruh/kruh s mekinjama
break (*verb*) slomiti
break down ostati u kvaru
breakdown (*car*) kvar; (*nervous*) slom živaca
breakfast doručak
breast dojka
breastfeed dojiti
breathe disati
brick cigla
bridge (*over river etc*) most
briefcase poslovna tašna
bring donijeti
Britain Britanija
British britanski
brochure brošura
broke: **I'm broke** nemam ni

prebijene pare
broken slomljen
brooch broš
broom metla
brother brat
brother-in-law šogor
brown smeđ
bruise modrica
brush (*noun*) četka
Brussels sprouts prokulice
bucket vedro
building zgrada
bulb (*light*) žarulja
Bulgaria Bugarska
Bulgarian (*adjective, language*)
 bugarski
bull bik
bumper odbojnik
bunk beds kreveti na kat
buoy plovak
burn opekotina
burn (*verb*) gorjeti
bus autobus
business posao
business trip poslovni put
bus station autobusni
 kolodvor
bus stop autobusno stajalište
busy zauzet
but ali
butcher's mesnica
butter maslac
butterfly leptir
button dugme
buy kupiti
by od; **by car** kolima

cabbage kupus
cabin (*ship*) kabina

cable car žičara
café kavana
cake kolač
cake shop slastičarna
calculator računar
calendar kalendar
call (*verb*) zvati; **what's it
 called?** kako se zove?
calm down smiriti se
Calor gas (*R*) butangas
camera fotoaparat; (*movie*)
 filmska kamera
campbed poljski krevet
camping kampiranje
campsite kamping
can konzerva
can: I/she can mogu/može;
 can you . . . ? možete li . . . ?
Canada Kanada
Canadian kanadski
canal kanal
cancel otkazati
candle svijeća
canoe kanu
cap kapa
captain kapetan
car kola, auto
caravan kamp prikolica
caravan site kampiralište
carburettor karburator
card karta; (*business*)
 posjetnica
cardboard karton
cardigan džemper na
 raskopčavanje
car driver vozač
care: take care of čuvajte
careful pažljiv; **be careful!**
 pazite
car park parking
carpet tepih; (*fitted*) tepison
car rental iznajmljivanje kola
carriage kupe

59

ENGLISH-SERBO-CROAT

carrot mrkva
carry nositi
carry-cot nosiljka za bebu
cash: pay cash platiti u
  gotovini
cash desk kasa
cassette kaseta
cassette player kasetofon
castle zamak
cat mačka
catch (verb) uhvatiti
cathedral katedrala
Catholic katolički
cauliflower karfiol
cause uzrok
cave pećina
ceiling strop
cemetery groblje (n)
centigrade Celzijus
central heating centralno
  grijanje
centre centar
century stoljeće
certificate diploma
chain lanac
chair stolica
chairlift sjedežnica
chambermaid sobarica
chance: by chance slučajno
change (small) sitniš
change (verb) promijeniti;
  (clothes) presvući se;
  change trains presjedati
changeable (weather)
  promjenljiv
Channel Lamanš
charter flight čarter let
cheap jeftin
check (verb) provjeriti
check-in registracija putnika
cheers! (drinking) živjeli!
cheese sir
chemist's ljekarna

cheque ček
cheque book čekovna
  knjižica
cheque card čekovna kartica
cherry trešnja
chest grudi
chestnut kesten
chewing gum žvakaća guma
chicken pile (n); (meat)
  piletina
child dijete (n)
children's portion dječja
  porcija
chin brada
chips krumpir
chocolate čokolada
chocolate: milk chocolate
  mliječna čokolada; plain
  chocolate čokolada za
  kuhanje; hot chocolate
  topli napitak od čokolade
choke (on car) čok
choose birati
chop (meat) kotlet
Christian name ime (n)
Christmas Božić; happy
  Christmas! sretan Božić!
church crkva
cider jabukovača
cigar cigara
cigarette cigareta
cinema kino
city grad
city centre centar grada
class klasa; first/second
  class prvi/drugi razred
classical music klasična
  muzika
clean (adjective) čist
clean (verb) očistiti
cleansing cream mlijeko za
  čišćenje lica
clear (obvious) jasno

60

clever bistar
cliff litica
climate klima
cloakroom (*coats*) garderoba
clock sat
close (*verb*) zatvoriti
closed zatvoreno
clothes odjeća
clothes peg štipaljka
cloud oblak
cloudy oblačno
club klub
clutch kvačilo (*n*)
coach autobus
coast obala
coat kaput
coathanger vješalica za odijela
cockroach žohar
cocktail koktel
cocoa kakao
coffee kava; **white coffee** bijela kava
cold hladan; **it is cold** hladno je
cold (*illness*) prehlada; **I've got a cold** prehladen sam
cold cream krema za lice
collar ovratnik
collection zbirka
colour boja
colour film film u boji
comb češalj
come doći; **come back** vratiti se; **come in!** slobodno!
comfortable udoban
compact disc kompakt disk
company kompanija
compartment kupe
compass kompas
complain žaliti se
complicated komplicirano

compliment kompliment
computer kompjuter
concert koncert
conditioner regenerator
condom prezervativ
conductor (*orchestra*) dirigent
confirm potvrditi
congratulations! čestitam!
connection veza
constipated zatvoren
consulate konzulat
contact (*verb*) kontaktirati
contact lenses kontaktne leće
contraceptive sredstvo za kontracepciju
cook kuhar
cook (*verb*) kuhati
cooker štednjak
cooking utensils lonci
cool prohladno
corkscrew vadičep
corner ugao
correct ispravan
corridor hodnik
cosmetics kozmetika
cost (*noun*) cijena
cot dječji krevetić
cotton pamuk
cotton wool vata
couchette kušet
cough kašalj
cough (*verb*) kašljati
country zemlja
countryside priroda
course: of course naravno
cousin rođak
cow krava
crab rak
crafts domaća radinost
cramp grč
crankshaft radilica
crash (*noun*) sudar
cream vrhnje; (*whipped*) šlag

ENGLISH-SERBO-CROAT

credit card kreditna kartica
crew posada
crisps čips
crockery zemljano posuđe
cross (verb) preći
crowd gomila
crowded prepun
cruise krstarenje (n)
crutches štake
cry plakati
cucumber krastavac
cup šalica
cupboard ormar
curry kari
curtain zavjesa
custom običaj
Customs carina
cut (verb) sjeći
cutlery pribor za jelo
cycling vožnja biciklom
cyclist biciklista (m)
cylinder head gasket
  zaptivka glave motora

D

dad tata
damage (verb) oštetiti
damp vlažan
dance (verb) plesati
danger opasnost
dangerous opasan
dare usuditi se
dark taman
date (time) datum
daughter kćerka
daughter-in-law snaha
day dan; the day before
  yesterday prekjučer; the
  day after tomorrow
  prekosutra

dead mrtav
deaf gluh
dear drag
death smrt (f)
decaffeinated bez kofeina
December (C) prosinac/(S)
  decembar
decide odlučiti se
deck paluba
deck chair ležaljka
deep dubok
delay (noun) zastoj
deliberately namjerno
delicious ukusan
demand (noun) zahtjev
dentist zubar
dentures umjetno zubalo
deodorant dezodorans
department store robna kuća
departure odlazak
depend: it depends zavisi
depressed depримiran
dessert dezert
develop razviti
device sprava
diabetic dijabetičar
dialect dijalekt
dialling code pozivni broj
diamond dijamant
diarrhoea proljev
diary dnevnik
dictionary rječnik
die umrijeti
diesel (fuel) dizel
diet dijeta
different različit
difficult težak
dining car restoran kola
dining room blagovaonica
dinner večera; have dinner
  večerati
direct direktan
direction pravac

directory enquiries
   informacije
dirty prljav
disabled invalid
disappear nestati
disappointed razočaran
disaster katastrofa
disco disko
disease bolest
disgusting odvratan
disinfectant dezinfekciono
   sredstvo
distance daljina
distributor razvodnik
   paljenja
district (*in town*) kraj
disturb uznemiriti
dive (*verb*) roniti
divorced razveden
do raditi; **that'll do nicely**
   baš dobro
doctor lječnik
document dokument
dog pas
doll lutka
donkey magarac
door vrata
double duplo
double room dvokrevatna
   soba
down: I feel a bit down malo
   sam deprimiran; **down**
   there tamo dolje
downstairs dolje
draught propuh
dream san
dress haljina
dress (*someone*) oblačiti;
   (*oneself*) oblačiti se
dressing gown kućna haljina
drink piće (*n*)
drink (*verb*) piti
drinking water pitka voda

drive voziti
driver vozač
driving licence vozačka
   dozvola
drop kap
drop (*verb*) spustiti iz ruku
drug (*narcotic*) droga
drunk pijan
dry suh
dry (*verb*) sušiti
dry-cleaner kemijska
   čistionica
duck patka
durex (*R*) prezervativ
during za vrijeme
dustbin kanta za smeće
Dutch holandski
duty-free bescarinska
   prodaja
duty-free shop duty free
   shop

each svako
ear uho
early rano; (*too early*)
   prerano
earn zaraditi
earrings naušnice
earth zemlja
east istok; **east of** istočno od
Easter Uskrs
easy lako
eat jesti
eau de toilette eau de toilette
edge rub
egg jaje; **hard-boiled egg**
   tvrdo kuhano jaje; **boiled**
   egg kuhano jaje
egg cup šalica za kuhano jaje

either ... or ... ili... ili ...
elastic gum elastika
Elastoplast (R) flaster
elbow lakat
electric električan
electricity struja
else: something else nešto
  drugo
elsewhere drugdje
embarrassing nezgodan
embassy ambasada
emergency hitan slučaj
emergency exit izlaz u
  slučaju opasnosti
empty prazan
end kraj
engaged (toilet, phone)
  zauzet; (to be married)
  vjeren
engine motor; (train)
  mašina
England Engleska
English engleski; **the**
  English Englezi; **English**
  girl/woman Engleskinja
Englishman Englez
enlargement povećanje
enough dovoljno
enough: that's enough dosta
  je
enter ući
entrance ulaz
envelope kuverta
epileptic epileptičar
especially naročito
Eurocheque euroček
Europe Evropa
European evropski;
  (man/woman) Evropljanin
even: even men čak i ljudi;
  even if čak iako; **even**
  more beautiful čak i ljepši
evening večer; **good**

evening dobro veče
ever: have you ever ... da li
  ste ikada ...
every svaki; **every time**
  svaki put; **every day** svaki
  dan
everyone svatko
everything sve
everywhere svuda
exaggerate pretjerati
example primjer; **for**
  example na primjer
excellent odličan
except osim
excess baggage višak prtljage
exchange (verb) mijenjati
exchange rate kurs
exciting uzbudljiv
excuse me oprostite
exhaust (car) ispušna cijev
exhibition izložba
exit izlaz
expensive skup
explain objasniti
extension lead produžni kabl
eye oko
eyebrow obrva
eyeliner ajlajner
eye shadow sjenka za oči

face lice
factory tvornica
faint (verb) onesvijestiti se
fair (funfair) luna park
fair (adjective) nije loše
fall (verb) pasti
false lažan
family obitelj
famous slavan

ENGLISH-SERBO-CROAT

fan ventilator
fan belt remen ventilatora
fantastic fantastičan
far (away) dalek
farm farma
farmer farmer
fashion moda
fashionable u modi
fast brz
fat (*person*) debeo
father otac
father-in-law (*husband's father*) svekar; (*wife's father*) punac
fatty (*food*) masno
fault: it's my/his fault moja/njegova je krivnja
faulty neispravan
favourite omiljen
fear strah
February (*C*) veljača/(*S*) februar
fed up: I'm fed up dosta mi je
feel osjetiti; **I feel well/unwell** dobro/slabo se osjećam; **I feel like** rado bih
feeling osjećaj
felt-tip pen flomaster (*R*)
feminist feministkinja
fence ograda
ferry trajekt
fever groznica
few: few tourists mali broj turista; **a few** nekoliko
fiancé zaručnik
fiancée zaručnica
field polje
fight tuča
fight (*verb*) tuči se
fill napuniti
fillet file
filling (*tooth*) plomba

film film
filter filter
find naći
fine (*penalty*) globa
fine fino; (*weather*) lijepo
finger prst
fingernail nokat
finish (*verb*) završiti
fire vatra; (*blaze*) požar
fire brigade vatrogasna služba
fire extinguisher aparat za gašenje požara
fireworks vatromet
first prvi; (*firstly*) prvo
first aid prva pomoć
first class prvi razred
first floor prvi kat
first name ime (*n*)
fish riba
fishbone riblja kost
fishing ribolov
fishmonger's ribarnica
fit (*healthy*) u formi
fizzy gaziran
flag zastava
flash fleš
flat (*apartment*) stan
flat (*adjective*) ravan; (*tyre*) spuštena
flatlet stančić
flavour ukus
flea buha
flight let
flirt (*verb*) udvarati
floor (*of room*) pod; (*storey*) kat
florist cvjećar
flour brašno
flower cvijet
flu gripa
fly muha
fly (*verb*) letjeti

fog magla

folk music narodna muzika

follow pratiti

food hrana

food poisoning trovanje želuca

foot noga; **on foot** pješke

football nogomet

for za

forbidden zabranjen

forehead čelo

foreign stran

foreigner stranac

forest šuma

forget zaboraviti

fork viljuška; (*in road*) račvanje

form formular

fortnight dvije nedjelje

fortunately srećom

forward (*mail*) poslati

foundation cream podloga

fountain fontana

fracture fraktura

France Francuska

free slobodan; (*of charge*) besplatan

freezer zamrzivač

French francuski

fresh svjež

Friday petak

fridge frižider

friend prijatelj; (*woman*) prijateljica

from: from Belgrade to Split od Beograda do Splita

front (*part*) prednji; **in front of** ispred

frost mraz

frozen (*food*) zamrznuto

fruit voće

fry pržiti

frying pan tava

full pun

full board puni pansion

fun: have fun zabavljati se

funeral pogreb

funnel (*for pouring*) lijevak

funny (*amusing*) smiješan; (*strange*) čudan

furious bijesan

furniture namještaj

further dalje

fuse osigurač

future budućnost

game (*to play*) igra; (*meat*) divljač

garage (*repairs*) auto-servis; (*for petrol*) benzinska pumpa; (*parking*) garaza

garden vrt

garlic bijeli luk

gas plin

gas permeable lenses porozne leće

gate vratašca

gauge mjerilo

gay homoseksualac

gear (*car etc*) brzina

gearbox mjenjačka kutija

gear lever ručica mjenjača

gentleman gospodin

gents (*toilet*) muški

genuine pravi

German njemački

Germany Njemačka

get dobiti; **can you tell me how to get to ...?** možete li mi reči kako doći do ...?; **get back** (*return*) vratiti se; **get in** (*car*) ući; **get off** sići; **get up** ustati; **get out!**

izaći!
gin džin
gin and tonic džin i tonik
girl djevojčica
girlfriend djevojka
give dati; **give back** vratiti
glad radostan
glass čaša
glasses naočale
gloves rukavice
glue ljepilo
go ići; **go in** ući; **go out**
   izaći; **go down** ići dolje; **go
   up** ići gore; **go through**
   proći kroz; **go away** otići;
   go away! gubi se!
goat koza
God bog
gold zlato
golf golf
good dobar; **good!** dobro!
goodbye doviđenja
goose guska
got: have you got . . .? imate
   li . . .?
government vlada
grammar gramatika
grandfather djed
grandmother baka
grapefruit grejpfrut
grapes grožđe
grass trava
grateful zahvalan
greasy mastan
Greece Grčka
Greek grčki; *(man/woman)*
   Grk
green zelen
greengrocer voćarnica
grey siv
grilled sa roštilja
grocer's špeceraj
ground floor prizemlje

group grupa
guarantee *(noun)* garancija
guest gost
guesthouse pansion
guide *(person)* vodič
guidebook vodič
guitar gitara
gun *(pistol)* pištolj; *(rifle)*
   puška

habit običaj
hail *(ice)* tuča
hair kosa
haircut šišanje
hairdresser frizer
hair dryer fen za kosu
hair spray lak za kosu
half pola; **half a litre/day**
   pola litre/pol dana; **half an
   hour** pola sata
half board polu pansion
ham šunka
hamburger hamburger
hammer čekić
hand ruka
handbag tašna
handbrake ručna kočnica
handkerchief maramica
handle *(noun)* ručica
hand luggage ručna prtljaga
handsome lijep
hanger vješalica
hangover mamurluk
happen dogoditi se
happy sretan
harbour luka
hard tvrd
hard lenses tvrde leće
hat šešir

hate mrziti
have imati; **I have to . . .**
  moram . . .
hay fever peludna groznica
hazelnut lješnjak
he on (*see grammar*)
head glava
headache glavobolja
headlights farovi
healthy zdrav
hear čuti
hearing aid slušni aparat
heart srce
heart attack srčani napad
heat vrućina
heater grijalica
heating grijanje
heavy težak
heel peta
helicopter helikopter
hello zdravo
help pomoć; **help!** upomoć!
help (*verb*) pomoći
her (*possessive*) njen, njena,
  njeno; (*object*) nju, ona (*see
  grammar*)
herbs trave
here ovdje; **here is/are** evo
hers njen, njena, njeno (*see
  grammar*)
hiccups štucanje
hide sakriti
high visok
highway code zakon o
  prometu na cesti
hill brdo
him on, njega (*see grammar*)
hip kuk
hire: for hire iznajmljuje se
his njegov, njegova,
  njegovo; **it's his** njegov je
  (*see grammar*)
history povijest

hit udariti
hitchhike autostopirati
hitchhiking autostopiranje
hobby hobi
hold držati
hole rupa
holiday odmor; (*public*)
  praznik; **summer holidays**
  ljetovanje
Holland Holandija
home: at home kod kuće; **go
  home** ići kući
homemade domaći
homesick: I'm homesick
  čeznem za domom
honest pošten
honey med
honeymoon medeni mjesec
hoover (R) usisivač
hope (*verb*) nadati se
horn truba
horrible užasan
horse konj
horse riding jahanje
hospital bolnica
hospitality gostoprimstvo
hot vruć; (*to taste*) ljut
hotel hotel
hot-water bottle termofor
hour sat
house kuća
house wine domaće vino
how? kako?; **how are you?**
  kako ste?; **how are things?**
  kako ide?; **how many?**
  koliko?; **how much?** pošto?
humour humor
Hungarian (*adjective,
  language*) mađarski
Hungary Mađarska
hungry: I'm hungry gladan
  sam
hurry (*verb*) žuriti;

hurry up! požurite!
hurt: it hurts boli
husband muž, suprug

I ja (*see grammar*)
ice led
ice cream sladoled
ice lolly sladoled na štapiću
idea ideja
idiot idiot
if ako
ignition paljenje
ill bolestan
immediately odmah
important važan
impossible nemoguć
improve poboljšati
in u; **in London** u
 Londonu; **in Yugoslavia** u
 Jugoslaviji; **in English** na
 engleskom; **in 1945** 1945;
 is he in? je li kod kuće?
included uključeno
incredible nevjerojatan
independent nezavisan
indicator (*car*) žmigavac
indigestion loša probava
industry industrija
infection zaraza
information informacije
information desk šalter za
 informacije
injection injekcija
injured povrijeđen
inner tube unutarnja guma
innocent nevin
insect insekt
insect repellent sredstvo za
 zaštitu od insekata

inside unutra
insomnia nesanica
instant coffee nes-kava
instructor instruktor
insurance osiguranje
intelligent inteligentan
interesting zanimljiv
introduce predstaviti
invitation poziv
invite pozvati
Ireland Irska
Irish irski
iron (*metal*) željezo; (*for
 clothes*) pegla
iron (*verb*) ispeglati
ironmonger's željezarnica
island otok
it to; **it is** ... to je
Italian talijanski
Italy Italija
itch svrbež
IUD spirala

jack (*car*) dizalica
jacket sako
jam džem
January (C) siječanj/(S)
 januar
jaw vilica
jazz džez
jealous ljubomoran
jeans traperice
jellyfish meduza
jeweller's zlatar
jewellery nakit
Jewish jevrejski
job posao
jogging jogging; **go jogging**
 ići u jogging

ENGLISH-SERBO-CROAT

joint (*to smoke*) marihuana
joke šala
journey putovanje
jug bokal
juice sok
July (C) srpanj/(S) juli
jump skočiti
jumper pulover
junction raskrsnica
June (C) lipanj/(S) juni
just: just two samo dva

keep zadržati
key ključ
kidneys bubrezi
kill ubiti
kilo kilogram
kilometre kilometar
kind (*adjective*) dobar
kind (*type*) vrsta
king kralj
kiss poljubac
kiss (*verb*) poljubiti
kitchen kuhinja
knee koljeno
knife nož
knit plesti
knock over srušiti
know znati; (*person*)
poznavati; **I don't know** ne
znam

label etiketa
ladder ljestve

ladies (*toilet*) ženski
lady gospođa
lager pivo
lake jezero
lamb janje; (*meat*) janjetina
lamp lampa
land (*verb*) spustiti se
landscape krajolik
language jezik
language school jezična škola
large velik
last posljednji; **last year**
prošle godine; **at last**
konačno
late kasno; **arrive/be late**
zakasniti; **later** kasnije
laugh (*verb*) smijati se
laundry (*to wash*) prljavo
rublje; (*place*) praonica
law zakon
lawn travnjak
lawyer advokat
laxative laksativ
lazy lijen
leaf list
leaflet prospekt
leak (*verb*) curiti
learn učiti
least: at least bar
leather koža
leave napustiti; (*go away*)
otići; (*forget*) ostaviti
leek poriluk
left lijevo; **on the left** s
lijeve strane
left-handed ljevak
left luggage garderoba
leg noga
lemon limun
lemonade limunada
lemon tea čaj sa limunom
lend posuditi
length dužina

lens (*camera*) objektiv;
(*glasses*) leće
less manje
lesson poduka
let (*allow*) dopustiti
letter pismo
letterbox poštanski sanduk
lettuce zelena salata
level crossing rampa
library knjižnica
licence dozovola
lid poklopac
lie (*say untruth*) lagati
lie down leći
life život
lift (*elevator*) lift; **give a lift
to** povesti nekoga kolima
light (*in room, on car*) svijetlo;
have you got a light? imate
li vatru?
light (*adjective*) lagan; **light
blue** svijetlo plavo
light (*verb*) upaliti
light bulb žarulja
lighter upaljač
lighthouse svjetionik
light meter svjetlomjer
like voliti; **I would like**
želio bih
like (*as*) poput
lip usna
lipstick ruž za usne
liqueur liker
list spisak
listen (to) slušati
litre litra
litter smeće
little mali; **a little bit (of)**
malo
live živjeti; (*reside*) stanovati
liver jetra
living room dnevna soba
lobster jastog

lock brava
lock (*verb*) zaključati
lollipop lilihip
long dugo; **a long time**
dugo
look: look (at) gledati;
(*seem*) izgledati;
look like (*resemble*) sličiti;
look for tražiti; **look out!**
pazite!
lorry kamion
lose izgubiti
lost property office biro za
izgubljene stvari
lot: a lot (of) mnogo
loud glasan
lounge salon
love ljubav; **make love**
voditi ljubav
love (*verb*) voljeti
lovely divan
low nizak
luck sreća; **good luck!**
sretno!
luggage prtljaga
lukewarm mlak
lunch ručak
lungs pluća

macho mačo
mad lud
Madam gospođo
magazine časopis
maiden name djevojačko ime
mail pošta
main glavni
make (*verb*) praviti
make-up šminka

ENGLISH-SERBO-CROAT

male chauvinist pig
šovinistička muška svinja
man čovjek
manager direktor
many mnogi
map karta; (*of town*) plan
March (C) ožujak/(S) mart
margarine margarina
market tržnica
marmalade džem od naranče
married (*man*) oženjen;
(*woman*) udata
mascara maskara
mass misa
match (*light*) šibica; (*sport*)
utakmica
material tkanina
matter: it doesn't matter nije
važno
mattress madrac
May (C) svibanj/(S) maj
maybe možda
mayonnaise majoneza
me mene; **for me** za mene;
me too i ja (*see grammar*)
meal objed; **enjoy your
meal!** dobar tek!
mean (*verb*) misliti
measles male boginje;
German measles rubeola
meat meso
mechanic mehaničar
medicine (*drug*) lijek
Mediterranean Mediteran
medium (*steak*) srednje
pečeno
medium-sized srednje
veličine
meet sresti se
meeting sastanak
melon dinja
mend popraviti
menu jelovnik; **set menu**

menu
mess zbrka
message poruka
metal metal
metre metar
midday podne
middle sredina
midnight ponoć
milk mlijeko
minced meat mljeveno meso
mind: do you mind if I . . .?
imate li nešto protiv ako . . .?
mine moje (*see grammar*)
mineral water mineralna
voda
minute minuta
mirror zrcalo
Miss gospođica
miss (*train etc*) zakasniti na; **I
miss you** nedostaješ mi
mistake greška
misunderstanding
nesporazum
mix (*verb*) miješati
modern moderan
moisturizer hidratantna krema
Monday ponedjeljak
money novac
month mjesec
monument spomenik
mood ugođaj
moon mjesec
moped moped
more više; **no more thanks**
neću više hvala
morning jutro; **good
morning** dobro jutro
mosquito komarac
most (of) večina
mother majka
mother-in-law (*wife's mother*)
punica; (*husband's mother*)
svekrva

72

motorbike motocikl
motorboat motorni čamac
motorway autoput
mountain planina
mouse miš
moustache brkovi
mouth usta
move (*change position*)
  pomaknuti
Mr gospodin
Mrs gospođa
much mnogo; **not much
  time** nema mnogo vremena
mum mama
muscle mišić
museum muzej
mushrooms gljive
music glazba, muzika
musical instrument glazbalo,
  muzički instrument
mussels mušule
must: I/she must
  moram/mora
mustard senf
my moj, moja, moje (*see
  grammar*)

nail (*in wall*) čavao; (*finger*)
  nokat
nail clippers spravica za
  sječenje noktiju
nailfile turpija za nokte
nail polish lak za nokte
nail polish remover aceton
naked gol
name ime; **what's your
  name?** kako se zovete?; **my
  name is Jim** zovem se Jim
napkin salveta

nappy pelena
narrow uzak
nationality državljanstvo
natural prirodan
nature priroda
near blizu; **near here**
  nedaleko odavde; **the
  nearest ...** najbliži ...
nearly gotovo
necessary potreban
neck vrat
necklace ogrlica
need: I need ... treba mi ...
needle igla
negative (*film*) negativ
neighbour susjed
neither ... nor ... ni ... ni ...
nephew nećak
nervous nervozan
neurotic neurotičan
never nikad
new novi; (*brand-new*) novo
  novcato
news vijest (*f*)
newsagent prodavač novina
newspaper novine (*pl*)
New Year Nova godina;
  happy New Year! sretna
  Nova godina!
New Year's Eve Stara godina
next slijedeći; **next to**
  pored; **next year** slijedeće
  godine
nice (*person*) simpatičan;
  (*place*) prijatan; (*food*)
  dobar
nickname nadimak
niece nećakinja
night noć (*f*); **good night**
  laku noć
nightclub bar, noćni lokal
nightdress spavaćica
nightmare mora

no ne; **I have no ...** nemam ...
nobody nitko
noise buka
noisy bučan
non-smoking za nepušače
normal normalan
north sjever; **north of** sjeverno od
Northern Ireland Sjeverna Irska
nose nos
not ne; **I'm not tired** nisam umoran
note (*money*) novčanica
notebook bilježnica
nothing ništa
novel roman
November (*C*) studeni/(*S*) novembar
now sada
nowhere nigdje
number (*house, phone*) broj
number plate registarska tablica
nurse bolničarka; (*male*) bolničar
nut (*for bolt*) navrtanj

obnoxious odvratan
obvious očigledan
October (*C*) listopad/(*S*) oktobar
octopus hobotnica
of od
off (*lights*) ugašen
offend uvrijediti
offer (*verb*) ponuditi
office ured

often često
oil ulje
ointment mast
OK u redu; **I'm OK** dobro je
old star; **how old are you?** koliko imate godina?; **I'm 25 years old** imam 25 godina
old-age pensioner penzioner
olive maslina
olive oil maslinovo ulje
omelette omlet
on na; (*lights*) upaljen
once jednom
one jedan
onion luk
only samo
open (*adjective*) otvoren
open (*verb*) otvoriti
opera opera
operation operacija
opposite nasuprot
optician optičar
optimistic optimistički
or ili
orange naranča
orange (*colour*) narančast
orchestra orkestar
order (*meal etc*) naručiti
organize organizirati
other drugi
otherwise inače
our(s) naš, naša, naše (*see grammar*)
out: she's out ona nije kod kuće
outside vani
oven pećnica
over (*above*) iznad; (*finished*) gotovo; **over there** tamo
overdone prekuhan
overtake preticati
own: his/her own key svoj

ključ
owner vlasnik
oyster kamenica

pack (*verb*) pakirati se
package paket
package tour paket
  aranžman
packed lunch spakovani
  ručak
packet (*of cigarettes etc*) kutija
page strana
pain bol
painful bolan
painkiller sredstvo za
  umirenje bolova
paint (*verb*) slikati
paint brush kist
painting slika
pair par
palace palača
pancake palačinka
panic panika
panties gaćice
paper papir
parcel paket
pardon? molim?
parents roditelji
park park
park (*verb*) parkirati
part (*noun*) dio
party (*celebration*) zabava;
  (*group*) grupa
pass (*mountain*) klanac
passenger putnik
passport pasoš
pasta tjestenina
pâté pašteta
path staza

pavement pločnik
pay (*verb*) platiti
peach breskva
peanuts kikiriki
pear kruška
peas grašak
pedal pedala
pedestrian pješak
pedestrian crossing pješački
  prelaz
pedestrian precinct pješačka
  zona
pen pero
pencil olovka
pencil sharpener šiljilo
penicillin penicilin
penis penis
penknife džepni nož
people narod
pepper (*spice*) biber;
  (*vegetable*) paprika
per: per person po osobi; **per
  week** tjedno; **per cent**
  posto
perfect savršen
perfume parfem
period period; (*woman's*)
  menstruacija
perm trajna
person osoba
petrol benzin
petrol station benzinska
  stanica
phone (*verb*) telefonirati
phone book telefonski
  imenik
phone box telefonska
  govornica
phone number telefonski
  broj
photograph fotografija
photograph (*verb*)
  fotografirati

photographer fotograf
phrase book rječnik fraza
pickpocket džeparoš
picnic piknik
pie (*fruit*) pita
piece komad
pig prase
piles hemeroidi
pill pilula
pillow jastuk
pilot pilot
pin pribadača
pineapple ananas
pink ružičast
pipe cijev; (*to smoke*) lula
pity: it's a pity šteta
pizza pica
plane avion
plant biljka
plastic plastičan
plastic bag najlon vrečica
plate tanjur
platform (*station*) peron
play (*theatre*) kazališni komad
play (*verb*) igrati se
pleasant prijatan
please molim
pleased zadovoljan; **pleased to meet you!** drago mi je!
pliers kliješta
plug (*electrical*) utikač; (*in sink*) čep
plum šljiva
plumber vodoinstalater
p.m.: 3 p.m. 3 popodne; **11 p.m.** 11 navečer
pneumonia upala pluća
pocket džep
poison otrov
police milicija
policeman milicajac
police station milicijska stanica

polite učtiv
political politički
politics politika
polluted zagađen
pond jezero
pony poni
poor siromašan
pop music pop muzika
pork svinjetina
port (*drink*) porto
porter (*hotel*) portir
possible moguć
post pošta
post (*verb*) poslati poštom
postcard razglednica
poster (*for room*) plakat; (*in street*) plakat
poste restante post restant
postman poštar
post office pošta
potato krumpir
poultry živad
pound funta
power cut prekid struje
practical praktičan
pram dječja kolica
prawn račić
prefer više voljeti
pregnant trudna
prepare pripremiti
prescription recept
present (*gift*) poklon
pretty ljepuškast; **pretty good** prilično dobro
price cijena
priest svećenik
prince princ
princess princeza
printed matter tiskanica
prison zatvor
private privatan
probably vjerojatno
problem problem

76

programme program
prohibited zabranjeno
promise (*verb*) obećati
pronounce izgovoriti
protect štititi
Protestant protestant
proud ponosan
public (*adjective*) javan
pull vući
pump (*noun*) pumpa
puncture probušena guma
punk punk
purple ljubičast
purse novčanik
push gurati
pushchair kolica za bebu
put staviti
pyjamas pidžama

quality kvaliteta
quarter četvrt
quay kej
queen kraljica
question pitanje
queue red
queue (*verb*) stajati u redu
quick brz
quickly brzo
quiet tih; **quiet!** tišina!
quilt poplun
quite sasvim

rabbit kunić
radiator radijator; (*car*) hladnjak
radio radio (*m*)

railway željeznica
rain kiša
rain (*verb*) kišiti; **it's raining**
　pada kiša
rainbow duga
raincoat kišni mantil
rape silovanje
rare rijedak; (*steak*) manje
　pečen
raspberry malina
rat štakor
rather radije
raw prijesan
razor britva
razor blade žilet
read čitati
ready gotov
really stvarno
rear lights stražna svijetla
rearview mirror retrovizor
receipt priznanica
receive dobiti
reception (*hotel*) recepcija
receptionist (*male*)
　službenik/(*female*) službenica
　na recepciji
recipe recept
recognize prepoznati
recommend preporučiti
record ploča
record player gramofon
record shop prodavaonica
　ploča
red crven
red-headed crvenokos
relatives rodbina
relax opustiti se
religion religija
remember sjetiti se; **I**
　remember sjećam se
rent najamnina
rent (*verb*) iznajmiti; **to rent**
　iznajmljuje se

repair *(verb)* popraviti
repeat *(verb)* ponoviti
reservation rezervacija
reserve rezervirati
responsible odgovoran
rest *(remainder)* ostatak; *(sleep)* odmor; **take a rest** odmoriti se
restaurant restoran
return ticket povratna karta
reverse *(gear)* rikverc
reverse charge call telefonski razgovor na račun broja koji se zove
rheumatism reumatizam
rib rebro
rice riža
rich bogat; *(food)* zasitan
ridiculous smiješno
right *(side)* desno; **on the right (of)** s desne strane; *(correct)* točan
right of way prednost
ring *(on finger)* prsten
ripe zreo
river rijeka
road cesta; *(in town)* ulica
roadsign saobraćajni znak
roadworks radovi na putu
rock stijena
rock climbing planinarenje
rock music rock muzika
roll žemlja
Romania Rumunjska
Romanian *(adjective, language)* rumunjski
roof krov
roof rack krovni prtljažnik
room soba
rope uže
rose ruža
rotten *(fruit etc)* gnjilo
round *(circular)* okrugao

roundabout kružni tok
route pravac
rowing boat čamac na vesla
rubber guma; *(eraser)* gumica za brisanje
rubber band lastiš
rubbish smeće
rucksack ruksak
rude neuljudan
rug ćilim
ruins ruševine
rum rum
run trčati

sad tužan
safe siguran
safety pin ziherica
sail *(noun)* jedro
sailboard daska za jedrenje
sailing jedrenje
sailing boat jedrilica
salad salata
salad dressing preliv za salatu
sale rasprodaja
sale *(reduced price)* sniženje; **for sale** za prodaju
salmon losos
salt sol *(f)*
salty slano
same isto
sand pijesak
sandals sandale
sand dunes pješčane dine
sandwich sendvič
sanitary towel higijenski uložak
sardine sardina
Saturday subota

sauce umak
saucepan lonac
saucer tanjirić
sausage kobasica
savoury slan
say reći
scarf šal; (*head*) marama
scenery pejsaž
school škola
science znanost
scissors škare
Scotland Škotska
Scottish škotski
scrambled eggs kajgana jaja
scream (*verb*) vrisnuti
screw zavrtanj
screwdriver odvrtač
sea more
seafood morski specijaliteti
seagull galeb
seasick: I'm seasick imam
  morsku bolest
seaside: at the seaside kraj
  mora
season sezona; **in the high
  season** u punoj sezoni
seat sjedište; (*place*) mjesto
seat belt sigurnosni pojas
seaweed morska trava
second (*in time*) sekunda
second-hand polovan
secret tajna
see vidjeti; **see you
  tomorrow** vidimo se sutra
self-catering flat/cottage stan
self-service samoposluga
sell prodavati
sellotape (R) selotejp
send poslati
sensible razuman
sensitive osjetljiv
separate odvojen
separately odvojeno

September (C) rujan/(S)
  septembar
Serbo-Croat srpskohrvatski
serious ozbiljan
serve (*verb*) poslužiti
service posluga
service charge servis
serviette salveta
several nekoliko
sew šiti
sex seks
sexist seksist
sexy seksi
shade hladovina; **in the
  shade** u hladu
shampoo šampon
share (*verb*) dijeliti
shark morski pas
shave (*verb*) brijati se
shaving brush četka za
  brijanje
shaving foam pjena za
  brijanje
she ona (*see grammar*)
sheep ovca
sheet plahta
shell školjka
shellfish školjke
ship brod
shirt košulja
shock šok
shock-absorber amortizer
shocking skandalozan
shoe laces pertle
shoe polish pasta za obuću
shoe repairer postolar
shoes cipele
shop prodavaonica
shopping kupovina; **go
  shopping** ići u kupovinu
shopping bag torba
shore obala
short kratak; (*person*) nizak

shortcut prečica
shorts kratke hlače
shortsighted kratkovidan
shoulder rame
shout (*verb*) vikati
show (*verb*) pokazati
shower tuš; (*rain*) pljusak
shutter (*photo*) blenda
shutters (*window*) žaluzine
shy stidljiv
sick: I feel sick povrača mi
se; **I'm going to be sick**
mislim da ću povratiti
side strana
sidelights poziciona svjetla
sign (*verb: name*) potpisati
silence tišina
silk svila
silver srebro
silver foil aluminijska folija
similar sličan
simple jednostavan
since (*time*) od
sincere iskren
sing pjevati
single (*man*) neoženjen;
(*woman*) neudata
single room jednokrevetna
soba
single ticket karta u jednom
smjeru
sink sudoper
sink (*verb*) tonuti
sir gospodine
sister sestra
sister-in-law šogorica
sit down sjesti
size veličina
ski skija
ski (*verb*) skijati se
ski boots skijaške cipele
skid skliznuti
skiing skijanje

ski-lift uspinjača
skin koža
skin cleanser mlijeko za
čišćenje lica
skin-diving ronjenje
skinny mršav
skirt suknja
ski slope pista za skijanje
skull lubanja
sky nebo
sleep spavati
sleeper (*train*) spavaća kola
sleeping bag vreća za
spavanje
sleeping pill pilula za
spavanje
sleepy: I'm sleepy pospan
sam
slice kriška
slide (*phot*) dijapozitiv
slim vitak
slippers papuče
slippery klizav
slow spor
slowly sporo
small mali
smell miris
smell (*verb*) mirisati
smile smiješak
smile (*verb*) smiješiti se
smoke dim
smoke (*verb*) pušiti
smoking (*compartment*) za
pušače
snail puž
snake zmija
sneeze kihati
snore hrkati
snow snijeg
so tako; **so beautiful/big**
tako lijepo/veliko
soaking solution rastvor za
potapanje

soap sapun
society društvo
socket utikač
socks čarape
soft mekan
soft drink bezalkoholno piće (*n*)
soft lenses mekane leće
sole (*of shoe*) đon
some nešto; some wine/flour/biscuits vina/brašna/keksa
somebody netko
something nešto
sometimes ponekad
somewhere negdje
son sin
song pjesma
son-in-law zet
soon uskoro
sore: I've got a sore throat boli me grlo
sorry: I'm sorry oprostite!
so-so tako-tako
soup juha
sour kiseo
south jug; south of južno od
souvenir suvenir
spade lopata
Spain Španjolska
Spanish španjolski
spanner ključ
spare parts rezervni djelovi (*m*)
spare tyre rezervna guma
spark plug svjećica
speak govoriti; do you speak ...? govorite li ...?
special delivery hitno
speciality specijalnost
speed (*noun*) brzina
speed limit ograničenje

brzine
speedometer brzinomjer
spend trošiti
spice začin
spider pauk
spinach špinat
spoke žbica
spoon žlica
sport sport
spot (*on skin*) prišt
sprain: I've sprained my ankle uganuo sam gležanj
spring (*season*) proljeće; (*in seat etc*) opruga
square (*in town*) trg
stain mrlja
stairs stepenice
stamp marka
stand stajati; I can't stand cheese ne podnosim sir
star zvijezda
starter (*food*) predjelo
state država
station (C) kolodvor/(S) stanica
stationer's papirnica
stay (*remain*) ostati; (*noun: in hotel etc*) boravak
steak biftek
steal ukrasti
steep strm
steering upravljanje
steering wheel volan
stepfather očuh
stepmother maćuha
steward stjuard
stewardess stjuardesa
still (*adverb*) mirno
sting ubod
stockings čarape
stomach želudac
stomach ache bol u želucu
stone kamen

stop stanica
stop (*verb*) stati; **stop!** stanite!
storm oluja
story priča
straight ahead samo ravno
strange (*odd*) čudan
strawberry jagoda
stream potok
street ulica
string špaga
stroke (*attack*) kap
strong jak
stuck zaglavljen
student (*male*) student; (*female*) studentica
stupid glup
suburbs predgrađe (*n*)
success uspjeh
suddenly naglo
suede antilop
sugar šećer
suit odijelo
suit: blue suits you dobro ti stoji plava boja
suitcase kufer
summer ljeto
sun sunce
sunbathe sunčati se
sunblock sredstvo za sunčanje
sunburn opaljenost od sunca
Sunday nedjelja
sunglasses naočale za sunce
sunny sunčano
sunset zalazak sunca
sunshine sunčev sjaj
sunstroke sunčanica
suntan preplanulost; **get a suntan** pocrnjeti od sunca
suntan lotion losion za sunčanje
suntan oil ulje za sunčanje

supermarket supermarket
supplement doplata
sure siguran
surname prezime (*n*)
surprise iznenađenje
surprising neočekivano
swallow (*verb*) gutati
sweat (*verb*) znojiti se
sweater pulover
sweet bombon
sweet (*to taste*) sladak
swim (*verb*) plivati
swimming plivanje; **go swimming** ići na plivanje
swimming costume kupaći kostim
swimming pool bazen
swimming trunks kupaće gaćice
Swiss švicarski
switch prekidač
switch off ugasiti
switch on upaliti
Switzerland Švicarska
swollen nateklo
synagogue sinagoga

table stol (*m*)
tablecloth stolnjak
tablet tableta
table tennis stoni tenis
tail rep
take uzeti; **take away** (*remove*) maknuti; **to take away** (*food*) za ponijeti; **take off** (*plane*) uzletjeti
talcum powder talk
talk govoriti

tall visok
tampon tampon
tank rezervoar
tap slavina
tape (*cassette*) traka
tart pita
taste (*noun*) ukus
taste (*try*) probati
taxi taksi (*m*)
tea čaj
teach predavati
teacher (*male*) profesor; (*female*) profesorica
team momčad (*n*)
teapot čajnik
tea towel kuhinjska krpa
teenager tinejdžer
telegram telegram
telephone telefon
telephone directory telefonski imenik
television televizija
temperature temperatura
tennis tenis
tent šator
terrible grozan
terrific izvanredan
than: uglier than ružniji od
thank zahvaliti se
thank you hvala
that (*adjective*) taj, ta, to; (*over there*) onaj, ona, ono; (*pronoun*) koji, koja, koje; **that one** onaj; **I think that . . .** mislim da . . . (*see grammar*)
the *see grammar*
theatre kazalište (*n*)
theft krađa
their(s) njihov, njihova, njihovo (*see grammar*)
them njih (*see grammar*)
then onda

there tamo; **there is/are** ima . . .; **is/are there . . .?** ima li . . .?
thermometer termometar
thermos flask termos
these ovi, ove, ova (*see grammar*)
they oni (*see grammar*)
thick debeo
thief lopov
thigh bedro
thin tanak
thing stvar
think misliti
thirsty: I'm thirsty žedan sam
this ovaj, ova, ovo (*see grammar*)
those oni, one, ona (*see grammar*)
thread konac
throat grlo
throat pastilles septolete (*R*)
through kroz
throw baciti; **throw away** baciti
thunder grmljavina
thunderstorm pljusak s grmljavinom
Thursday četvrtak
ticket karta
ticket office šalter
tide plima i oseka
tie (*noun*) kravata
tight tijesan
tights hula-hopke
time vrijeme; **on time** na vrijeme; **what time is it?** koliko je sati?
timetable red vožnje
tin opener otvarač za konzerve
tip (*to waiter etc*) napojnica

tired umoran

tissues papirnate maramice

to: I'm going to Zagreb/the station idem u Zagreb/na kolodvor

toast tost

tobacco duhan

today danas

toe nožni prst

together zajedno

toilet toalet

toilet paper toaletni papir

tomato rajčica

tomorrow sutra

tongue jezik

tonight večeras

tonsillitis angina

too (*also*) također; **too expensive** preskup; **too fast** prebrz; **too big** prevelik; **not too much** ne previše

tool alat

tooth zub

toothache zubobolja

toothbrush četkica za zube

toothpaste pasta za zube

top: at the top na vrhu

torch baterija

touch (*verb*) dodirnuti

tourist turist

towel ručnik

tower kula

town grad

town hall gradska vijećnica

toy igračka

tracksuit trenerka

tradition tradicija

traditional tradicionalan

traffic saobraćaj

traffic jam zastoj saobraćaja

traffic lights semafor

trailer (*behind car*) prikolica

train (C) vlak/(S) voz

trainers tenisice

translate prevesti

transmission transmisija

travel putovati

travel agent's turistički biro

traveller's cheque putnički ček

tray tacna

tree drvo

tremendous izvrstan

trip (*noun*) putovanje

trolley kolica

trousers hlače

true istinit

try probati; **try on** probati

T-shirt majica

Tuesday utorak

tuna fish tuna

tunnel tunel

turkey puran

turn (*verb*) okrenuti

tweezers pinceta

twins blizanci

typewriter pisaći stroj

tyre guma

ugly ružan

umbrella kišobran

uncle (*father's brother*) ujak; (*mother's brother*) stric

under ispod

underdone nepečen

underneath ispod

underpants gaće

understand razumjeti

underwear donje rublje

unemployed nezaposlen

unfortunately na žalost

United States Sjedinjene Države
university sveučilište, univerzitet
unpack otpakovati
unpleasant neprijatan
until do
up: up there tamo gore
upstairs gore
urgent hitan
us nas (*see grammar*)
use (*verb*) upotrijebiti
useful koristan
usual običan
usually obično

vaccination vakcinacija
vacuum cleaner usisivač
vagina vagina
valid važeći
valley dolina
valve ventil
van kombi
vanilla vanilija
vase vaza
VD venerična bolest
veal teletina
vegetables povrće
vegetarian vegeterijanac
vehicle vozilo
very veoma, vrlo; **very much** veoma mnogo
vet veterinar
video video (*m*)
video recorder video rekorder
view pogled
viewfinder tražilo
villa vila

village selo
vinegar ocat
vineyard vinograd
visa viza
visit posjeta
visit (*verb*) posjetiti
vitamins vitamini
voice glas

waist struk
wait čekati; **wait for me!** čekajte me!
waiter konobar
waiting room čekaonica
waitress konobarica
wake up (*someone*) probuditi; (*oneself*) probuditi se
Wales Wales
walk šetnja; **go for a walk** ići u šetnju
walk (*verb*) hodati
walkman (*R*) Walkman
wall zid
wallet novčanik
want htjeti; **I want** želim ...; **do you want ...?** želite li ...?
war rat
warm topao; **it's warm** toplo je
wash oprati; (*oneself*) oprati se
washbasin umivaonik
washing prljavo rublje; **do the washing** oprati rublje
washing machine stroj za pranje rublja
washing powder deterdžent

washing-up pranje suđa; **do the washing-up** oprati suđe

washing-up liquid tekućina za pranje suđa

wasp osa

watch (*for time*) ručni sat

watch (*verb*) gledati

water voda

waterfall slap

waterski skije za vodu (*pl*)

waterskiing skijanje na vodi

wave (*in sea*) val

way: this way (*like this*) ovako; **can you tell me the way to the . . .?** da li biste mi mogli pokazati put za . . .?

we mi (*see grammar*)

weak slab

weather vrijeme; **the weather's good** lijepo je vrijeme

weather forecast prognoza vremena

wedding vjenčanje (*n*)

Wednesday srijeda

week tjedan

weekend vikend

weight težina

welcome! dobrodošli!

well dobro; **he's well/not well** dobro mu je/nije mu dobro

well done (*meat*) dobro pečeno

wellingtons gumene čizme

Welsh velški

west zapad; **west of** zapadno od

wet mokro

what što; **what's this?** što je to?

wheel točak

wheelchair invalidska kolica

when? kada?

where? gdje?

which? koji?

while dok

whipped cream šlag

whisky viski

white bijel

who? tko?

whole čitav

whooping cough hripavac

whose: whose is this? čije je ovo?

why? zašto?

wide širok

widow udovica

widower udovac

wife žena, supruga

wild divlje

win (*verb*) pobijediti

wind vjetar

window prozor

windscreen vjetrobran

windscreen wiper brisač

wine vino

wine: red/white wine crno/bijelo vino; **rosé wine** ružica

wine list vinska karta

wing krilo

winter zima

wire žica

wish: best wishes najbolje želje

with sa

without bez

witness svjedok

woman žena

wonderful divan

wood drvo

wool vuna

word riječ

work rad

ENGLISH-SERBO-CROAT

work (*verb*) raditi; **it's not working** ne radi
world svijet
worry briga
worry about brinuti se o
worse gore
worst najgori
wound rana
wrap (*verb*) umotati
wrapping paper papir za umotavanje
wrench ključ za odvijanje
wrist ručni zglob
write pisati
writing paper papir za pisanje
wrong kriv

Yugoslav (*adjective*) jugoslavenski; (*man*) Jugoslaven; (*woman*) Jugoslavenka
Yugoslavia Jugoslavija
youth hostel omladinski hotel

zero nula
zip patent-zatvarač
zoo zoološki vrt

X-ray rendgen

yacht jahta
year godina
yellow žut
yes da
yesterday jučer
yet: not yet još nije
yoghurt jogurt
you vi; (*familiar singular*) ti; (*object*) vas; te (*see grammar*)
young mlad
young people omladina
your(s) vaš, vaša, vaše; (*familiar singular*) tvoj, tvoja, tvoje (*see grammar*)

This dictionary gives mainly Croatian forms of words. Very often **je** or **ije** is just **e** in Serbian. So if, for example, you can't find **vetar**, you might find it under **vjetar**. Alphabetical order in Serbo-Croat has the following differences: **c, č, ć; d, dž, đ; l, lj; n, nj; s, š; z, ž**.

aceton nail polish remover
adresa address
adresar address book
advokat lawyer
aerodrom airport
agencija agency
agent agent
agresivan aggressive
ajlajner eyeliner
ako if
akumulator battery
alat tools
Albanija Albania
albanski Albanian
alergičan allergic
ali but
aluminijska folija silver foil
ambasada embassy
američki American
amortizer shock absorber
ananas pineapple
angina tonsillitis
angina pektoris angina
antifriz antifreeze
antikvarnica antique shop
antikvitet antique
aparat za gašenje požara fire extinguisher

Austrija Austria
austrijski Austrian
auto car
autobus bus; coach
autobusni kolodvor bus station
autobusno stajalište bus stop
autoput motorway
auto-servis garage
autostopiranje hitchhiking
autostopirati hitchhike
avion aeroplane
avionom by air/airmail
avionska kompanija airline

baciti throw (away)
bademi almonds
baka grandmother
banka bank
bar bar; at least
barbun red mullet
barmen barman
baterija battery; torch
bazen swimming pool
beba baby
bedro thigh
Belgija Belgium
Beograd Belgrade

benzin petrol
benzinska stanica petrol station
bescarinska prodaja duty-free
besplatan free of charge
bez without
bezalkoholno piće (*n*) soft drink
bež beige
biber pepper
bicikl bicycle
biciklista (*m*) cyclist
biftek steak
bijel white
bijeli luk garlic
bijesan furious
bik bull
bilježnica notebook
biljka plant
birati choose
biro za izgubljene stvari lost property office
bistar clever; clear
biti be
bjelilo bleach (*noun*)
blagajna box office; cash desk
blagovaonica dining room
blenda shutter
blizak close
blizanci twins
blizu near
blokiran blocked
bluza blouse
boca bottle
bog God
bogat rich
boja colour
bojati se be afraid
bokal jug
bol pain; **bol u želucu** stomach ache

bolan painful
bolest disease
bolestan ill
bolnica hospital
bolničar male nurse
bolničarka nurse
boljeti hurt; be sore
bolji, bolja, bolje better
bomba bomb
bombon sweet (*noun*)
boravak stay
Božić Christmas
brada beard; chin
brašno flour
brat brother
brava lock (*noun*)
brdo hill
brendi brandy
breskva peach
briga worry (*noun*)
brijačnica barber
brijati se shave (*verb*)
brinuti se o worry about; look after
brisači windscreen wipers
Britanija Britain
britanski British
britva razor
brkovi moustache
brod ship
broj number; size
broš brooch
brošura brochure
brz fast
brzina speed; gear
brzinomjer speedometer
brzo quickly
bubrezi kidneys
bučan noisy
budan awake
budilica alarm clock
budući da since
budućnost future

SERBO-CROAT-ENGLISH

Bugarska Bulgaria
bugarski Bulgarian
buha flea
buka noise
butangas Calor gas (R)

carina Customs
Celzijus centigrade
centar centre
centar grada city centre
centralno grijanje central
  heating
cesta road
cigla brick
cijena price
cijev pipe
cikla beetroot
cipal grey mullet
cipele shoes
crkva church
crn black
crno-bijeli black and white
crno vino red wine
crven red
crvenokos red-headed
curiti leak (*verb*)
cvijet flower
cvjećar florist

čaj tea
čajnik teapot
čaj sa limunom lemon tea
čak: čak i ljudi even men;
  čak iako even if; **čak i**
  ljepši even more beautiful

čamac boat
čamac na vesla rowing boat
čarape socks; stockings
čarter let charter flight
časopis magazine
čaša glass
čavao nail
ček cheque
čekaonica waiting room
čekati wait
čekić hammer
čekovna kartica cheque card
čekovna knjižica cheque
  book
čelo forehead
čep plug; cork
čestitam! congratulations!
često often
češalj comb (*noun*)
češnjak garlic
četka brush (*noun*)
četka za brijanje shaving
  brush
četkica za zube toothbrush
četvrt quarter; area
četvrtak Thursday
čeznuti za domom be
  homesick
čiji, čija, čije whose
čips crisps
čist clean (*adjective*)
čistiti clean (*verb*)
čitati read
čitav whole; all
čizma boot
čok choke (*noun*)
čokolada chocolate;
  mliječna čokolada milk
  chocolate; **topli napitak od**
  čokolada hot chocolate
čorba (thick) soup
čovjek man
čudan strange

90

SERBO-CROAT-ENGLISH

čuti hear
čuvati take care (of)

ćelav bald
ćilim rug

da yes; **mislim da** I think
  that
dagnje mussels
dakle! well!
dalek far away
dalje further
daljina distance
dan day
danas today
daska za jedrenje sailboard
dati give
datum date
debeo fat; thick
dečko boy; boyfriend
deprimiran depressed
desno right; **s desne strane**
  on the right (of)
deterdžent washing powder
dezert dessert
dezinfekciono sredstvo
  disinfectant
dezodorans deodorant
dijabetičar diabetic
dijalekt dialect
dijamant diamond
dijapozitiv slide
dijeliti share; separate
dijeta diet
dijete (n) child

dim smoke
dinja melon
dio part
diploma certificate
direktan direct
direktor director; manager
disati breathe
divan lovely, wonderful
divljač game (*hunting*)
divlje wild
dizalica jack; lift
dizel diesel
dječak boy
dječja kolica pram;
  pushchair
dječja porcija children's
  portion
dječji krevetić cot
djed grandfather
djevojačko ime maiden
  name
djevojčica young girl
djevojka girl; girlfriend
dnevna soba living room
dnevnik diary; news
dno bottom; **na dnu** at the
  bottom
do until
dobar good; kind; **dobar
  tek!** enjoy your meal!
dobiti get; receive; win
dobro good; **prilično dobro**
  pretty good; **dobro pečeno**
  well done (*meat*); **dobro
  veče** good evening
dobrodošli! welcome!
doći come
dodirnuti touch
dogoditi se happen
dojiti breastfeed
dojka breast
dok while
dolazak arrival

dolina valley
dolje downstairs; below; down
domaća radinost crafts
domaće vino house wine; homemade wine
domaći homemade; local
donijeti bring
donje rublje underwear
doplata supplement
dopustiti let
doručak breakfast
dosadan boring; annoying
dosta enough; **dosta je** that's enough
doviđenja goodbye
dovoljno enough
dozvola licence; permit
dozvoliti allow
dozvoljeno allowed
drag dear; **drago mi je** pleased to meet you
drevan ancient
droga drug
drugdje elsewhere
drugi (an)other
društvo society, company
drvo tree; wood
držati hold (*verb*)
država state
državljanstvo nationality
dubok deep
duga rainbow
dugme button
dugo long
duhan tobacco
dunja quince
duplo double
dužina length
dvokrevetna soba twin room

džem jam; **džem od naranče** marmalade
džemper na raskopčavanje cardigan
džep pocket
džeparoš pickpocket
džepni nož penknife
džez jazz
džin gin

đon sole (*of shoe*)

električan electric
Engleska England
engleski English; **Englezi** the English
Engleskinja English girl/woman
Englez Englishman
etiketa label
euroček Eurocheque
Evropljanin European
evo here is/are
Evropa Europe
evropski European

farma farm

SERBO-CROAT-ENGLISH

farovi headlights
feferoni hot chillies
feministkinja feminist
fen frizura blow-dry
fen za kosu hair dryer
file fillet
filmska kamera movie camera
film u boji colour film
fino fine; tasty
flaster Elastoplast (R)
fleš flash
flomaster (R) felt-tip pen
fontana fountain
forma: u formi fit
formular form
fotoaparat camera
fotografirati photograph
Francuska France
francuski French
frizer hairdresser
frižider fridge
funta pound

gaće underpants
gaćice panties
galeb seagull
garancija guarantee
garderoba cloakroom; left luggage
gazda boss; proprietor
gaziran fizzy
gdje? where?
girica pickerel
gitara guitar
gladan hungry
glas voice
glasan loud
glava head

glavni main
glavobolja headache
glazba music
glazbalo musical instrument
gledati look (at); watch
gležanj ankle
gljive mushrooms
globa fine (noun)
gluh deaf
glup stupid
gnjilo rotten
godina year; **koliko imate godina?** how old are you?; **imam 25 godina** I'm 25 years old
godišnjica anniversary
gol naked; goal
gomila crowd
gorak bitter
gore upstairs; above; worse
gorjeti burn
gospodin gentleman; Mr; **gospodine** sir
gospođa lady; Mrs; **gospođo** Madam
gospođica Miss
gost guest
gostoprimstvo hospitality
gotov ready; finished; done for
gotovo almost
govedina beef
govoriti speak
grad town; hail
gradska vijećnica town hall
grah beans
gramatika grammar
gramofon record player
granica border; limit
grašak peas
grč cramp
Grčka Greece
grčki Greek

grejpfrut grapefruit
greška mistake
grijalica heater
grijanje heating
gripa flu
gristi bite (*verb*)
Grk Greek (*man*)
Grkinja Greek (*woman*)
grlo throat
grmljavina thunder
groblje (*n*) cemetery
grozan awful
groznica fever
grožđe grapes
grožđice raisins
grudi chest; breasts
grudnjak bra
grupa group
gubiti lose; **gubi se!** get lost!
guma rubber; tyre
gum elastika elastic
gumene čizme wellingtons
gumica za brisanje eraser
gurati push (*verb*)
guska goose
gutati swallow

haljina dress (*noun*)
hauba bonnet (*car*)
hemeroidi piles
hidratantna krema
  moisturizer
higijenski uložak sanitary
  towel
hitan urgent; fast
hitan slučaj emergency
hitno urgent; special
  delivery
hlače trousers

hlad shade; **u hladu** in the
  shade
hladan cold
hladovina shade
hljeb bread
hobi hobby
hobotnica octopus
hodati walk (*verb*)
hodnik corridor
holandski Dutch
homoseksualac gay
hrabar brave
hrana food
hren horseradish
hripavac whooping cough
hrkati snore
htjeti want
hula-hopke tights
hvala thank you

i and
iako although
ići go; **ići dolje** go down;
  ići gore go up
ideja idea
igla needle
igra game; dance
igračka toy
igrati se play
ikada ever; **da li ste ikada
  ...?** have you ever ...?
ili or; **ili ... ili ...** either ...
  or ...
imati have; **imate li ...?**
  have you got ...?; **ima ...**
  there is/are ...; **ima li ...?**
  is/are there ...?
ime (*n*) name; first name
inače otherwise

SERBO-CROAT-ENGLISH

industrija industry
informacije information; directory enquiries
injekcija injection
inozemstvo abroad
invalid disabled
invalidska kolica wheelchair
Irska Ireland
irski Irish
iskren sincere
ispeglati iron (*verb*)
ispod under(neath)
ispravan correct; in working order
ispravljač adaptor
ispred in front of
ispričati se apologize
isti same
istinit true
isto the same; **isto toliko lijep koliko** as beautiful as
istok east; **istočno od** east of
išta anything
Italija Italy
iza behind
izaći go out; get out
izgledati seem
izgovoriti pronounce
izgubiti lose
izlaz exit; gate; **izlaz u slučaju opasnosti** emergency exit
izložba exhibition
između between
iznad above
iznajmiti rent; hire out
iznajmljivanje kola car rental
iznajmljuje se for hire
iznenađenje surprise
izvanredan tremendous, terrific

ja I
jabuka apple
jabukovača cider
Jadransko more Adriatic
jagoda strawberry
jahanje horse riding
jahta yacht
jaje egg; **kuhano jaje** boiled egg; **tvrdo kuhano jaje** hard-boiled egg; **kajgana jaja** scrambled eggs
jak strong
janje lamb
janjetina lamb (*meat*)
jasno clear
jastog lobster
jastuk pillow; cushion
javan public
jedan a; one
jednom once
jednostavan simple
jedrenje sailing
jedrilica sailing boat
jedro sail (*noun*)
jeftin cheap
jelo dish (*food*)
jelovnik menu
jesen autumn
jesti eat
jetra liver
jevrejski Jewish
jezero lake; pond
jezična škola language school
jezik tongue; language
jogurt yoghurt
još more; **još uvijek** still; **još nije** not yet; **još jedno pivo** another beer

jučer yesterday
jug south
Jugoslaven Yugoslav (*man*)
Jugoslavenka Yugoslav (*woman*)
jugoslavenski Yugoslav
Jugoslavija Yugoslavia
juha soup
juni June
jutro morning; **dobro jutro** good morning
južno od south of

kad when
kada? when?
kada bathtub
kafić café-bar
kajgana jaja scrambled eggs
kajsije apricots
kajsijevača apricot brandy
kakao cocoa
kako? how?; **kako ide?** how are things?; **kako ste?** how are you?
kalendar calendar
kamen stone
kamenica oyster
kamion lorry
kamping campsite
kampiralište campsite; caravan site
kampiranje camping
kamp prikolica caravan
kanadski Canadian
kanta za smeće dustbin
kanu canoe
kao like; as
kap drop; stroke (*medical*)
kapa cap

kapa za plivanje bathing cap
kapetan captain
kaput coat
karfiol cauliflower
kari curry
karta card; map; ticket; **karta u jednom smjeru** single ticket
karton cardboard; card; **zeleni karton** green card
karton za ulaz u avion boarding pass
kasa cash desk
kaseta cassette
kasetofon cassette player
kasnije afterwards; later
kasno late
kašalj cough (*noun*)
kašljati cough (*verb*)
kat floor
katastrofa disaster
katolički Catholic
katolik Catholic (*noun*)
kava coffee; **bijela kava** white coffee
kavana café
kazališni komad play (*noun*)
kazalište (*n*) theatre
kćerka daughter
kej quay
keks biscuit
kelj savoy cabbage
kemijska čistionica dry-cleaner
kemijska olovka biro (*R*)
kesten chestnut
kihati sneeze
kikiriki peanuts
kino cinema
kisela voda mineral water
kisele paprike pickled peppers
kiselo mlijeko sour milk

SERBO-CROAT-ENGLISH

kiselo vrhnje sour cream
kiseo sour
kist paint brush
kiša rain (*noun*); **pada kiša**
  it's raining
kišiti rain (*verb*)
kišni mantil raincoat
kišobran umbrella
klanac pass (*noun*)
klasa class
klasična glazba/muzika
  classical music
kliješta pliers
klima climate
klimatizacija air-
  conditioning
klimatizirano air-
  conditioned
klizav slippery
ključ key; spanner
ključ za odvijanje wrench
knedla dumpling
knjiga book (*noun*)
knjižara bookshop
knjižnica library
ko who
kobasica sausage
kocka leda ice cube
kočiti brake (*verb*)
kočnica brake (*noun*)
kod: kod Ane at Ann's
koji, koja, koje that
koji? which?
koliko? how many?; how
  much?
koktel cocktail
kola car; cart; **kolima** by
  car; **povesti nekoga
  kolima** give a lift to
  somebody
kolač cake
kola hitne pomoći
  ambulance

kolica trolley
kolica za bebu pram;
  pushchair
kolodvor station
kolovoz August
koljeno knee; generation
komad piece; **kazališni
  komad** play, drama
komarac mosquito
kombi van
kompanija company
kompas compass
kompjuter computer
komplicirano complicated
konac thread
konačno at last
konj horse
konjak brandy
konobar waiter
konobarica waitress;
  barmaid
kontaktne leće contact lenses
konzerva can (*noun*)
koristan useful
kosa hair
kost bone
koš basket
koštati cost (*verb*)
košulja shirt
kotlet chop
kovčeg bag
koza goat
koža leather; skin
krađa theft
kraj end; district; beside
krajolik landscape
kralj king
krastavac cucumber
kratak short
kratke hlače shorts
kratkovidan shortsighted
krava cow
kravata tie (*noun*)

kreditna kartica credit card
krema za lice cold cream
krevet bed; **krevet za jednu osobu** single bed; **bračni krevet** double bed; **kreveti na kat** bunk beds
krilo wing
kriška slice
kriv wrong; **moja/njegova je krivnja** it's my/his fault
kraljica queen
krompir potatoes
krov roof
krovni prtljažnik roof rack
kroz through
krstarenje (*n*) cruise
kruh bread; **bijeli kruh** white bread; **kruh s mekinjama** wholemeal bread
krumpir potatoes; **prženi krumpir** chips
kruška pear
kružni tok roundabout
krv blood
krvariti bleed
krvna grupa blood group
kuća house; **ići kući** go home; **kod kuće** at home
kućna haljina dressing gown
kufer suitcase
kuhar cook (*noun*)
kuhati cook (*verb*)
kuhinja kitchen
kuhinjska krpa tea towel
kuk hip
kula tower
kunić rabbit (*pet*)
kupaće gaćice swimming trunks
kupaći kostim swimming costume
kupanje bathing

kupaonica bathroom
kupe carriage; compartment
kupina blackberry
kupiti buy
kupovina shopping; **ići u kupovinu** go shopping
kupus cabbage
kurs exchange rate
kušet couchette
kutija box
kuverta envelope
kvačilo (*n*) clutch
kvaliteta quality
kvar breakdown

lagan light; easy
lagati lie (*verb*)
lakat elbow
lako easy
laksativ laxative
lak za kosu hair spray
lak za nokte nail polish
Lamanš Channel
lanac chain
lastiš rubber band
lažan false
leće lenses; lentils; **mekane leće** soft lenses
leći go to bed; lie down
led ice
leđa back
leptir butterfly
let flight
letjeti fly (*verb*)
ležaljka deck chair
lice face
lična karta ID card
lično personally; **ja/on lično** myself/himself

SERBO-CROAT-ENGLISH

lignja squid
lijek medicine
lijen lazy
lijep beautiful; handsome
lijevak funnel
lijevo left; **s lijeve strane** on the left (of)
liker liqueur
lilihip lollipop
limun lemon
limunada lemonade; fresh lemon juice
lipanj June
list leaf; sheet; sole
listopad October
litica cliff
lonac saucepan
lonci cooking utensils
lopata spade
lopov thief
lopta ball
loptica ball
losion za brijanje aftershave
losion za sunčanje suntan lotion
losos salmon
loš bad; **nije loše** fair, not bad
loša probava indigestion
loše badly
lozovača grape brandy
lubanja skull
lubenica watermelon
lud mad
luk onion; arch
luka harbour, port
lula pipe (*to smoke*)
luna park fair
lutka doll

ljéčnik doctor
ljekarna chemist's
ljepilo glue
ljepuškast pretty
ljestve ladder
lješnjaci hazelnuts
ljeto summer
ljetovanje summer holidays
ljevak left-handed
ljubav love (*noun*); **voditi ljubav** make love
ljubičast purple
ljubomoran jealous
ljut angry; hot (*to taste*)

mačka cat; girl
mačo macho
maćuha stepmother
mada although
madrac mattress
Mađarska Hungary
mađarski Hungarian
magarac donkey
magla fog
mahune green beans
maj May
majica T-shirt
majka mother
majoneza mayonnaise
maknuti move
male boginje measles
mali small; **mali broj turista** few tourists
malina raspberry
malo little; a little bit

mamurluk hangover
manje less; **manje pečen** rare
marama scarf
maramica handkerchief
marelica apricot
marihuana joint; marihuana
marka stamp; make
marmelada jam
mart March
maslac butter
maslina olive
maslinovo ulje olive oil
mast fat; lard; ointment
mastan greasy; fatty
mašina machine; engine
med honey
medeni mjesec honeymoon
meduza jellyfish
među among
mehaničar mechanic
mekan soft
mene me; **za mene** for me
menstruacija period; menstruation
menu set menu
mesnica butcher's
meso meat
metar metre
metla broom
mi we
mijenjati exchange; change
miješati mix
milicajac policeman
milicija police
milicijska stanica police station
mineralna voda mineral water
miris smell; perfume
mirisati smell (*verb*)
mirno still; quiet
misa mass

misliti think; mean; **mislim da** I think that
miš mouse
mišić muscle
mjehur bladder
mjenjačka kutija gearbox
mjerilo gauge
mjesec month; moon
mlad young
mlak lukewarm
mlijeko milk
mlijeko za čišćenje lica cleansing cream
mljeveno meso minced meat
mnogo much; a lot (of); many
moći to be able; **mogu** I can; **može** he/she can; **možete li?** can you?
moda fashion; **u modi** fashionable
moderan modern
modrica bruise
moguć possible
moj, moja, moje my; mine
mokro wet
molim please; **molim?** pardon?
momčad (*n*) team
mora nightmare
morati to have to
more sea; **kraj mora** at the seaside
morska bolest sea-sickness
morska trava seaweed
morski pas shark
morski specijaliteti seafood
most bridge
motocikl motorbike
motor engine
motorni čamac motorboat
možda maybe
mrav ant

mraz frost; **djed mraz** Father Christmas
mrkva carrot
mrlja stain; spot
mršav thin; skinny
mrtav dead
mrziti hate
muha fly
muški gents
mušula mussel
muzej museum
muzika music
muž husband

na on; in; to; **idem na kolodvor** I'm going to the station; **na kolodvoru** at the station; **na vrhu** at the top
naći find
nadati se hope (*verb*)
nadimak nickname
naglasak accent
naglo suddenly
naj- the most . . .
najamnina rent (*noun*)
najbliži . . . the nearest . . .
najbolji the best; **najbolje želje** best wishes
najgori the worst
najlon vrečica plastic bag
nakit jewellery
namjerno deliberately
namještaj furniture
naočale glasses
naočale za sunce sunglasses
napadaj attack
napojnica tip
napuniti fill

napustiti leave
naranča orange
narančast orange (*colour*)
naravno of course
naročito especially
narod people; nation
narodan national
naručiti order
narukvica bracelet
nas us
nasuprot opposite
naš, naša, naše our; ours
nategnuti stretch (*verb*)
nateklo swollen
naušnice earrings
navečer p.m.; in the evening
navrtanj nut
nazdravlje! bless you!; cheers!
nazvati ring (*telephone*)
ne no; not
nebo sky
nećak nephew
nećakinja niece
nedaleko odavde near here
nedjelja Sunday; week
nedostajati to lack; **nedostajete mi** I miss you
negdje somewhere
neispravan faulty
nekoliko a few; several
nemati not to have; **nemam** I don't have any; **nemam ni prebijene pare** I'm broke; **nema mnogo vremena** there isn't much time
nemoguć impossible
neočekivano surprising
neoženjen single (*man*)
nepečen underdone
neprijatan unpleasant
nepušač non-smoker; **za nepušače** non-smoking

nervozan nervous
nesanica insomnia
neskava instant coffee
nesporazum misunderstanding
nesreća accident; misfortune
nestati disappear
nešto some; something;
 nešto drugo something else
netko somebody
neudata single (*woman*)
neuljudan rude
neurotičan neurotic
nevin innocent
nevjerojatan incredible
nezaposlen unemployed
nezavisan independent
nezgodan embarrassing
neženja bachelor
ni ... ni ... neither ...
 nor ...
nigdje nowhere
nikad never
nisam I'm not
ništa nothing
nitko nobody
nizak low; short
noć (*f*) night; **laku noć** good
 night
noćni lokal nightclub
noga foot; leg
nogomet football
nokat fingernail; toenail
nos nose
nosiljka za bebu carry-cot
nositi carry
novac money
Nova godina New Year
novčanica banknote
novčanik purse; wallet
novi new
novine (*pl*) newspaper
novo novcato brand-new

nož knife
nožni prst toe
nula zero

njega him
njegov, njegova, njegovo
 his; **njegov je** it's his
Njemačka Germany
njemački German
njen, njena, njeno her; hers
njih them
njihov, njihova, njihovo
 their; theirs
nju her

o against; about
oba, obe both
obala coast; shore
obećati promise
običaj custom; habit
običan usual; ordinary
obično usually
obitelj family
objasniti explain
objed meal
objektiv lens
oblačiti dress (*verb*); **oblačiti
 se** dress (*oneself*)
oblačno cloudy
oblak cloud
obrva eyebrow
ocat vinegar
očigledno obvious(ly)
očistiti clean (*verb*)
očuh stepfather

SERBO-CROAT-ENGLISH

od by; of; from; since; **od Beograda do Splita** from Belgrade to Split; **ružniji od** uglier than
odbojnik bumper
odgovor answer (*noun*)
odgovoran responsible
odgovoriti answer (*verb*)
odijelo suit (*noun*)
odjeća clothes
odlazak departure
odličan excellent
odlučiti se decide
odmah immediately
odmor holiday; rest
odmoriti se take a rest
odrastao adult
odvojen(o) separate(ly)
odvratan disgusting; obnoxious
odvrtač screwdriver
ograda fence
ograničenje brzine speed limit
ogrlica necklace
oko eye; about
okrenuti turn (*verb*)
okrugao round
okuka bend (*noun*)
olovka pencil
oluja storm
omiljen favourite
omladina young people
omladinski hotel youth hostel
on he
ona she; that; that one
onaj that; that one
onda then
onesvijestiti se faint
oni they
ono it; that; that one
opasan dangerous

opasnost danger
opekotina burn
operacija operation
opet again
oprati wash; oprati se wash (*oneself*); **oprati rublje** do the washing; **oprati suđe** do the washing-up
oprostite excuse me; I'm sorry
opruga spring
optičar optician
opustiti se relax
orasi walnuts
organizirati organize
orkestar orchestra
ormar cupboard
osa wasp
oseka low tide
osigurač fuse
osiguranje insurance
osim except
osjećati se feel, be feeling
osjećaj feeling
osjetiti feel (*something*)
osjetljiv sensitive
oslić hake
osoba person
osovina axle
ostatak rest (*noun*)
ostati remain; **ostati u kvaru** break down
ostaviti leave; forget
oštetiti damage (*verb*)
otac father
otići leave
otkazati cancel
otok island
otpakovati unpack
otrov poison
otvarač za boce bottle-opener
otvarač za konzerve tin opener

otvoren open (*adjective*)
otvoriti open (*verb*)
ovaj, ova this; this one
ovako like this
ovca sheep
ovdje here
ovi these
ovo this; this one
ovratnik collar
ozbiljan serious
oženjen married (*man*)
ožujak March

paket package; parcel
paket aranžman package tour
pakirati se pack (*verb*)
palača palace
palačinka pancake
paluba deck
paljenje ignition
pamuk cotton; cotton wool
pansion guesthouse
papir paper
papirnate maramice tissues
papirnica stationer's
papir za pisanje writing paper
papir za umotavanje wrapping paper
paprika red/green pepper
papuče slippers
par pair
paradajz tomato
parfem perfume
parking car park
parkirati park (*verb*)
pas dog
pasoš passport

pasta za obuću shoe polish
pasta za zube toothpaste
pasti fall
pastrmka trout
pašteta pâté
patent-zatvarač zip
patka duck
patlidžan aubergine
pauk spider
pazite! look out!; be careful!
pažljiv careful
pčela bee
pečurke mushrooms
peći bake
pećina cave
pećnica oven
pedala gasa accelerator
pegla iron (*noun*)
pejsaž scenery
pekara baker's
pekmez jam
pelena nappy
peludna groznica hay fever
penzioner old-age pensioner
pepeljara ashtray
pero pen
peron platform
peršun parsley
pertle shoe laces
peta heel
petak Friday
pica pizza
piće (*n*) drink
pidžama pyjamas
pijan drunk
pile (*n*) chicken
pijesak sand
piletina chicken (*meat*)
pilula pill
pilula za spavanje sleeping pill
pinceta tweezers
pisaći stroj typewriter

pisati write
pismo letter; script
pista za skijanje ski slope
pištolj pistol
pita pie; tart; **pita od jabuka** apple pie
pitanje question
pitati ask
piti drink (*verb*)
pitka voda drinking water
pivo beer
pjena za brijanje shaving foam
pjesma song; poem
pješačka zona pedestrian precinct
pješački prelaz pedestrian crossing
pješak pedestrian
pješčane dine sand dunes
pješke on foot
pjevati sing
plahta sheet
plakat poster
plakati cry (*verb*)
plan map; plan
planina mountain
planinarenje rock climbing
plastičan plastic
platiti pay; **platiti u gotovini** pay cash
plav blond; blue
plaža beach
plesati dance (*verb*)
plesti knit
plik blister
plima i oseka high tide and low tide
plin gas
plivanje swimming
plivati swim
pljusak shower
pljusak s grmljavinom thunderstorm

ploča record
pločnik pavement
plomba filling
plovak buoy
pluća lungs
pobijediti win (*verb*)
poboljšati improve
početak beginning
početi begin
početnik beginner
pod floor
podloga foundation cream; base
podne midday
područje area; field
podrum basement
pogled view
pogreb funeral
pojas belt
pokazati show
poklon present
poklopac lid
pokrivač blanket; cover
pola half
poleđina back
politički political
polje field
poljski krevet campbed
poljubac kiss (*noun*)
poljubiti kiss (*verb*)
polovan second-hand
polu pansion half board
pomaknuti move
pomoć help (*noun*)
pomoći help (*verb*)
ponedjeljak Monday
ponekad sometimes
ponijeti carry away; **za ponijeti** to take away
ponoć (*f*) midnight
ponosan proud
ponoviti repeat

ponuditi offer (*verb*)
poplun quilt
popodne afternoon; p.m.
popraviti mend, repair
poput like
porcija portion
pored next to; in addition
poriluk leek
porozne leće gas permeable
  lenses
porto port
poruka message
posada crew
posao business; job
posjeta visit (*noun*)
posjetiti visit (*verb*)
posjetnica business card
poslati send; forward;
  poslati poštom post
poslije after
poslije podne afternoon
posljednji last
poslovna tašna briefcase
poslovni put business trip
posluga service
poslužiti serve
pospan sleepy; **biti pospan**
  be sleepy
posramljen ashamed
postati become
posteljina bed linen
posto per cent
postolar shoe repairer
posuditi borrow; lend
pošta mail; post office
poštanski sanduk letterbox
poštar postman
pošten honest
pošto? how much?
potok stream
potpisati sign (*verb*)
potreban necessary
potvrditi confirm

povećanje enlargement
povijest history
povraćati vomit; **povraća
  mi se** I feel sick
povratna karta return ticket
povrće vegetables
povrijeđen injured; hurt
povući zasun bolt (*verb*)
poziciona svjetla sidelights
poziv invitation
pozivni broj dialling code
poznavati know
pozvati invite
požar fire
požurite! hurry up!
praktičan practical
praonica laundry
prase pig
prati wash; **prati suđe** wash
  up
pratiti accompany; follow
pravac direction
pravi genuine; real
praviti make
prazan empty
praznik holiday
pre- too ...; **prebrz** too fast
prečica shortcut
preći cross
predak ancestor
predavati teach
predgrađe (*n*) suburbs
predjelo hors d'oeuvre
prednji front (*adjective*)
prednost right of way
predstaviti introduce
predstavništvo agent;
  representative
prehlada cold; **biti
  prehlađen** have a cold
prekidač switch (*noun*)
prekid struje power cut
prekjučer the day before

yesterday
prekosutra the day after tomorrow
prekuhan overdone
preliv za salatu salad dressing
preplanulost tan
preporučiti recommend
prepoznati recognize
prepun crowded
prerano too early
presjedati change (trains/buses)
preskup too expensive
presvući se change (verb)
preticati overtake
pretjerati exaggerate
prevelik too big
prevesti translate
previše too much
prezervativ condom
prezime (n) surname
pribadača pin
pribor za jelo cutlery
priča story
prihvatiti accept
prijatan nice; pleasant
prijatelj(ica) friend
prije before; **prije tri dana** three days ago
prijesan raw
prikolica trailer; **kamp prikolica** caravan
primjer example; **na primjer** for example
pripadati belong
pripremiti prepare; **pripremiti se** get ready
priroda countryside; nature
prirodan natural
prišt spot
privatan private
privlačan attractive

prizemlje ground floor
priznanica receipt
prljav dirty; **prljavo rublje** laundry; washing
probati taste; try (on)
probuditi wake (someone); **probuditi se** wake up
probušena guma puncture
proći pass; **proći kroz** go through
prodaja sale; **za prodaju** for sale
prodavač novina newsagent
prodavaonica shop
prodavaonica ploča record shop
prodavati sell
produžni kabl extension lead
profesor(ica) teacher; professor
prognoza vremena weather forecast
prohladno cool
prokulice Brussels sprouts
proljeće spring
proljev diarrhoea
promijeniti change (verb)
promjenljiv changeable
propuh draught
prosinac December
prospekt leaflet
prošlo past; **prošle godine** last year
protiv against; **imate li nešto protiv ako ...?** do you mind if I ...?
provjeriti check
prozor window
prst finger
prsten ring
prtljaga luggage
prtljažnik boot
prva pomoć first aid

prvi first; **prvi kat** first floor; **prvi razred** first class
prvo firstly
pržiti fry
ptica bird
publika audience; public
pulover jumper, sweater
pumpa pump
pun full
punac father-in-law (*wife's father*)
punica mother-in-law (*wife's mother*)
puni pansion full board
puran turkey
pušač smoker; **za pušače** smoking
pušiti smoke (*verb*)
puška rifle
put path; road; journey; occasion
puter butter
putnički ček traveller's cheque
putnik passenger; traveller
putovanje journey; trip
putovati travel (*verb*)
puž snail

račić prawn
račun bill; receipt
računar calculator
račvanje fork (*in road*)
rad work (*noun*)
radijator radiator
radije rather
radilica crankshaft
raditi do; work
rado with pleasure; **rado**

bih I feel like
radostan glad
radovi na putu roadworks
rajčica tomato
rak crab; cancer
rakija brandy; aquavit
rame shoulder
rampa level crossing
rana wound (*noun*)
rano early
raskrsnica junction
rastvor za potapanje soaking solution
rat war
ravan flat; straight
razglednica postcard
različit different
razočaran disappointed
razred class; **prvi/drugi razred** first/second class
razuman sensible
razumjeti understand
razveden divorced
razviti develop
razvodnik paljenja distributor
rebro rib
recepcija reception
reći say
recept prescription; recipe
red queue; order; **stajati u redu** queue (*verb*); **u redu** OK
red vožnje timetable
regenerator conditioner
registarske tablice number plates
registracija putnika check-in
religija religion
remen ventilatora fan belt
rentgen X-ray
rep tail; queue
restoran restaurant

restoran kola dining car
retrovizor rearview mirror
rezervacija reservation
rezervirati book, reserve
rezervna guma spare tyre
rezervni djelovi (*m*) spare
parts
rezervoar tank
riba fish
ribarnica fishmonger's
riblja kost fishbone
ribolov fishing
riječ word
rijedak rare
rijeka river
rikverc reverse gear
riža rice
rječnik dictionary
rječnik fraza phrase book
robna kuća department store
rodbina relations, family
roditelji parents
roditi se be born; **rođen sam
1963** I was born in 1963
rođak cousin
rođendan birthday; **sretan
rođendan!** happy birthday!
roman novel
roniti dive
ronjenje skin-diving
roštilj barbecue; **sa roštilja**
grilled
rub edge
rubeola German measles
ručak lunch
ručica handle; hand
ručica mjenjača gear lever
ručna kočnica handbrake
ručna prtljaga hand luggage
ručnik towel
ručni sat watch
ručni zglob wrist
rujan September

ruka arm; hand
rukavice gloves
ruksak backpack
Rumunjska Romania
rumunjski Romanian
rupa hole
ruševine ruins
ruža rose
ružan ugly
ružičast pink
ružica rosé wine
ruž za usne lipstick

s, sa with
sada now
sako jacket
sakriti hide
salon lounge
salveta napkin
sam alone
samo only; **samo ravno**
straight ahead
samoposluga self-service;
supermarket
san dream; sleep
saobraćaj traffic
saobraćajni znak roadsign
sapun soap
sastanak appointment;
meeting
sasvim altogether; quite
sat clock; hour; **koliko je
sati?** what time is it?
sav all
savjetovati advise
savršen perfect
seks sex
seksi sexy
seksist sexist

sekunda second
selo village; countryside
selotejp sellotape (R)
semafor traffic lights
sendvič sandwich
senf mustard
septolete (R) throat pastilles
sestra sister
sezona season; **puna sezona** high season
sići get off; get down
SIDA AIDS
sidro anchor
siguran safe; sure
sigurnosni pojas seat belt
sijećanj January
silovanje rape (noun)
simpatičan nice
sin son
sipa cuttlefish
sir cheese
siromašan poor
sitniš small change
siv grey
sjećati se remember
sjeći cut
sjedežnica chairlift
Sjedinjene Države United States
sjedište seat; place
sjekir axe
sjenka shadow; **sjenka za oči** eye shadow
sjesti sit down
sjetiti se remember
sjever north; **sjeverno od** north of
Sjeverna Irska Northern Ireland
skandalozan shocking
skija ski (noun)
skijanje skiing
skijanje na vodi waterskiing

skijaške cipele ski boots
skijati se ski (verb)
skije za vodu waterskis
skliznuti skid; slip
skočiti jump (verb)
skup expensive
skuša mackerel
slab weak
sladak sweet
sladoled ice cream
sladoled na štapiću ice lolly
slan savoury; salty
slanina bacon
slap waterfall
slastičarna cake shop
slavan famous
slavina tap
sličan similar
slijedeći next; **slijedeće godine** next year
slijep blind
slika painting; picture
slikati paint
slobodan free
slobodno! come in!
slomiti break (verb)
slomljen broken
slom živaca nervous breakdown
složiti se agree; **slažem** I agree
slučajno by chance
slušati listen (to)
slušni aparat hearing aid
službenik/službenica na recepciji receptionist
smeće litter; rubbish
smeđ brown
smijati se laugh
smiješak smile (noun)
smiješan funny
smiješiti se smile (verb)
smiješno ridiculous

smiriti se calm down
smjer direction
smještaj accommodation
smokve figs
smrt (f) death
smuđ perch
snaha daughter-in-law
snijeg snow
sniženje sale
soba room; **jednokrevetna soba** single room
sobarica chambermaid
sok juice
sol (f) salt
spakovani ručak packed lunch
spavaća kola sleeper
spavaća soba bedroom
spavaćica nightdress
spavati sleep (noun)
specijalnost speciality
spirala spiral; IUD
spisak list
spomenik monument
spor slow
sporo slowly
srpanj July
sprava device
spravica za sječenje noktiju nail clippers
spustiti se land; lower oneself; **spuštena guma** flat tyre
srce heart
srčani napad heart attack
srebro silver
sreća luck; happiness
srećom fortunately
srednje medium; **srednje pečeno** medium (meat); **srednje veličine** medium-sized
srednji middle (adjective)

srednji vijek Middle Ages
sredstvo za sunčanje sunblock
sredstvo za kontracepciju contraceptive
sredstvo za umirenje bolova painkiller
sredstvo za zaštitu od insekata insect repellent
sresti meet
sretan happy; **sretan Božić!** happy Christmas!; **sretna Nova godina!** happy New Year!; **sretan put!** have a good journey!
sretno! good luck!
srijeda Wednesday
srnetina venison
srpskohrvatski Serbo-Croat
srušiti knock over
stajati stand
stan apartment, flat
stančić flatlet
stanica stop; station
stanite! stop!
star old
Stara godina New Year's Eve
starost age
stati stop; stand
staviti put
staza path, track
stepenice stairs
stići arrive
stidljiv shy
stijena rock; partition
stjuard steward
stjuardesa air hostess; stewardess
stol (m) table
stolica chair
stoljeće century
stolnjak tablecloth
stoni tenis table tennis

SERBO-CROAT-ENGLISH

straga at the back
strah fear (*noun*)
stran foreign
strana page; side
stranac foreigner
stražna svijetla rear lights
stražnica bottom
stric uncle
strm steep
stroj machine
stroj za pranje rublja
   washing machine
strop ceiling
struja electricity; current
struk waist
studeni November
stvar thing; cause
stvarno really
subota Saturday
sudar crash
suh dry (*adjective*)
suknja skirt
sunce sun
suncobran sunshade
sunčanica sunstroke
sunčano sunny
sunčati se sunbathe
sunčev sjaj sunshine
suprug husband
supruga wife
susjed neighbour
sušiti dry (*verb*)
sutra tomorrow; **vidimo se
   sutra** see you tomorrow
svak, svaka, svako each;
   svaki every; **svaki dan**
   every day; **svaki put** every
   time
svatko everyone
sve everything; **sve žene** all
   women
svećenik priest
svekar father-in-law

(*husband's father*)
svekrva mother-in-law
   (*husband's mother*)
sveučilište university
svi everyone; **svi muškarci**
   all men
svibanj May
svijeća candle
svijet world
svijetlo light; pale; **svijetlo
   smeđe** light brown
svila silk
svinjetina pork
svjećica spark plug
svjedok witness
svjetionik lighthouse
svjetlomjer light meter
svjež fresh; chilly
svo: svo mlijeko/pivo all the
   milk/beer
svoj one's own; his/her own
svrbež itch
svuda everywhere

šal scarf
šala joke
šalica cup
šalter ticket office
šalter za informacije
   information desk
šampon shampoo
šaran carp
šator tent
šećer sugar
šešir hat
šetnja walk; **ići u šetnju** go
   for a walk
šibica match
šiljilo pencil sharpener

112

SERBO-CROAT-ENGLISH

širok wide
šišanje haircut
šiti sew
škampi scampi
škare scissors
škola school
školjka shell; shellfish
Škotska Scotland
škotski Scottish
šlag whipped cream
šljiva plum
šljivovica plum brandy
šminka make-up
šogor brother-in-law
šogorica sister-in-law
šok shock
šovinistička muška svinja male chauvinist pig
špaga string
Španjolska Spain
španjolski Spanish
šparoga asparagus
špeceraj grocer's
špinat spinach
štake crutches
štakor rat
štednjak cooker
šteta damage; **šteta!** what a pity!
štipaljka clothes peg
štititi protect
što? what?; **što je to?** what's this?
štucanje hiccups
štuka pike
šuma forest; wood
šumske jagode wild strawberries
šunka ham
Švicarska Switzerland
švicarski Swiss

ta that
tableta tablet
tacna tray
taj that
tajna secret
tako so; like that
također also
tako-tako so-so
taksi taxi
talijanski Italian
talk talcum powder
taman dark
tamo (over) there; **tamo dolje** down there; **tamo gore** up there
tanak thin
tanjirić saucer
tanjur plate
tašna handbag
tata dad
tava frying pan
te you
tekućina za pranje suđa washing-up liquid
telefonirati phone (*verb*)
telefonska govornica phone box
telefonski broj phone number
telefonski imenik phone book
teletina veal
televizija television
tenisice trainers
tepih carpet
tepison fitted carpet
termofor hot-water bottle
termos thermos flask
tetka aunt

težak difficult; heavy
težina weight
ti you
tih quiet
tijelo body
tijesan tight
tikvica marrow
tinejdžer teenager
tiskanica printed matter; printed form
tišina silence
tjedan week
tjedno per week; weekly
tjestenina pasta
tkanina material; fabric
tko? who?
to that; **to je** that is
toalet toilet
toaletni papir toilet paper
točak wheel
tonik tonic
tonuti sink (*verb*)
topao warm; **toplo je** it's warm
torba bag
tost toast
tradicija tradition
tradicionalan traditional
trajan lasting; durable
trajekt ferry
trajna perm
traka tape
traperice jeans
trava grass
travanj april
trave herbs
travnjak lawn
tražilo viewfinder
tražiti look for
trčati run
trebati need (*verb*)
trenerka tracksuit
trešnja cherry

trg square
trošiti spend; use
trovanje želuca food poisoning
truba horn
trudna pregnant
tržnica market
tuča fight (*noun*); hail
tuči se fight (*verb*)
turistički biro travel agent
turpija za nokte nailfile
tuš shower
tužan sad
tvoj, tvoja, tvoje your; yours
tvornica factory
tvrd hard; stubborn
tvrde leće hard lenses

u in; to; **idem u Zagreb/Francusku** I'm going to Zagreb/France
ubiti kill
ubod sting (*noun*)
ubosti bite; sting (*verb*)
učiti learn
učtiv polite
ući enter; get in
udariti hit
udata married (*woman*)
udoban comfortable
udovac widower
udovica widow
udvarati flirt (*verb*)
uganuti sprain
ugao corner
ugasiti switch off
ugašen off
ugođaj mood; atmosphere
uhapsiti arrest (*verb*)

114

SERBO-CROAT-ENGLISH

uho ear
uhvatiti catch
ujak uncle
ujutro in the morning
uključeno included; **sve je uključeno** all-inclusive
ukrasti steal
ukus flavour; taste
ukusan delicious; in good taste
ulaz entrance
ulica street
ulje oil
ulje za sunčanje suntan oil
umak sauce
umivaonik washbasin
umjetan artificial
umjetnička galerija art gallery
umjetnik artist
umjetnost art
umjetno zubalo dentures
umoran tired
umotati wrap
umrijeti die
unaprijed in advance
unutarnja guma inner tube
unutra inside
uostalom anyway
upala inflammation
upala pluća pneumonia
upala slijepog crijeva appendicitis
upaliti light; switch on
upaljač lighter
upaljen on
upomoć! help!
upotrijebiti use
upravljačka tabla dashboard
upravljanje steering; management
ured office
usisivač vacuum cleaner

uskoro soon
Uskrs Easter
usna lip
uspinjača ski- lift; funicular railway
uspjeh success
usta mouth
ustati get up
usuditi se dare
utakmica match
utikač plug; socket
utorak Tuesday
uvijek always
uvrijediti offend; hurt
uzak narrow
uzbudljiv exciting
uzbuna alarm
uzeti take
uzletjeti take off
uznemiriti disturb; upset
uzrok cause
užasan appalling, horrible
uže rope

vadičep corkscrew
vakcinacija vaccination
val wave
vani outside
vanilija vanilla
vas you
vaš, vaša, vaše your; yours
vata cotton wool
vatra fire; **imate li vatru?** have you got a light?
vatrogasna služba fire brigade
vatromet fireworks
vaza vase
važan important; **nije važno** it doesn't matter

važeći valid
veče evening
večera dinner
večeras tonight
večerati have dinner
večina most (of); majority
već already
vedro bucket; bright
vegeterijanac vegetarian
veličina size
velik big
veljača February
velški Welsh
venerična bolest VD
ventil valve
ventilator fan
veoma very; **veoma mnogo** very much
veterinar vet
vez binding; embroidery
veza connection
vi you
vidjeti see
vijest (f) news
vikati shout
vikend weekend
vila villa
vilica jaw
viljuška fork
vinjak wine brandy
vino wine; **crno/bijelo vino** red/white wine
vinograd vineyard
vinska karta wine list
viski whisky
visok high; tall
višak prtljage excess baggage
više more
višnje morello cherries
vitak slim
viza visa
vjenčanje (n) wedding
vjeren engaged

vjerojatno probably
vjerovati believe
vješalica hanger
vjetar wind
vjetrobran windscreen
vjetrovka anorak
vlada government
vlak train
vlasnik owner
vlažan damp
voćarnica greengrocer
voće fruit
voda water
vodič guide
vodoinstalater plumber
volan steering wheel
voljeti love; like; **više voljeti** prefer
votka vodka
voz train
vozač driver
vozačka dozvola driving licence
vozilo vehicle
voziti drive
vožnja biciklom cycling
vrat neck
vrata door
vratašca gate
vratiti give back; **vratiti se** come back; return
vreća za spavanje sleeping bag
vrh peak; **na vrhu** at the top
vrhnje cream
vrijeme (n) time; weather; **lijepo je vrijeme** the weather's good; **na vrijeme** on time; **za vrijeme** during
vrisnuti scream
vrlo very
vrsta kind

SERBO-CROAT-ENGLISH

vrt garden
vruć hot
vrućina heat
vući pull
vuna wool

za for
zabava party
zabavljati se have fun
zaboraviti forget
zabraniti forbid
zabranjen forbidden
začin spice
zadnji last; rear
zadovoljan pleased
zadržati keep
zagađen polluted
zaglavljen stuck
zahtjev demand
zahvalan grateful
zahvaliti se thank
zajedno together
zakasniti arrive/be late;
  zakasniti na miss
zaključati lock (*verb*)
zakon law
zalazak sunca sunset
zamak castle
zamrzivač freezer
zamrznuto frozen;
  zamrznuta hrana frozen
  food
zanimljiv interesting
zapad west; **zapadno od**
  west of
zapanjujući astonishing
zaptivka glave motora
  cylinder head gasket
zaraditi earn

zaraza infection
zaručnica fiancée
zaručnik fiancé
zasitan rich; filling
zastava flag
zastoj delay
zastoj saobraćaja traffic jam
zasun bolt (*noun*)
zašto? why?
zato što because
zatvor prison
zatvoren closed; constipated
zatvoriti close (*verb*)
zauzet busy; engaged
zavisi it depends
zavjesa curtain
zavoj bend; bandage
završiti finish
zavrtanj screw
zbirka collection; anthology
zbog because of
zbogom goodbye
zbrka mess; confusion
zdjela bowl
zdrav healthy
zdravo hello; cheerio
zec rabbit
zelen green
zelena salata lettuce
zemlja country; earth; soil
zemljano posuđe crockery
zet son-in-law
zgrada building
zid wall
ziherica safety pin
zima winter; cold
zlatar jeweller's; goldsmith
zlato gold
zmija snake
znanost science
znati know; **ne znam** I don't
  know
znojiti se sweat (*verb*)

117

zoološki vrt zoo
zrak air
zrcalo mirror
zreo ripe
zub tooth
zubar dentist
zubobolja toothache
zvati call
zvati se be called; **kako se
zovete?** what's your
name?; **zovem se Ivan** my
name is Ivan
zvijezda star
zvono bell

živjeli cheers!, your health!
živjeti live
život life
životinja animal
žlica spoon
žmigavac indicator
žohar cockroach
žuriti hurry
žut yellow
žvakaća guma chewing gum

žaliti se complain
žalost sorrow, sadness; **na
žalost** unfortunately
žaluzine shutters
žarulja light bulb
žbica spoke
žeđ thirst; **žedan sam** I'm
thirsty
željeti want; **želim** ... I
want ...; **želio bih** ... I
would like ...; **želite li** ...
do you want ...?
željezarnica ironmonger's
željeznica railway
željezo iron
želudac stomach
žemlja roll
žena woman; wife
ženski ladies
žica wire
žičara cable car
žilet razor blade
živ alive
živad poultry

There are no *ARTICLES* (a, an, the) in Serbo-Croat. So, for example, the word **nož** can mean either 'a knife' or 'the knife' depending on context.

There are three *GENDERS* − masculine (*m*), feminine (*f*) and neuter (*n*). Gender can normally be derived from the endings:

	m	*f*	*n*
ending:	a consonant	-a	-o, -e

Exceptions: feminines ending in a consonant and masculines ending in -o are marked (*f*) and (*m*) in the dictionary section.

PLURALS are formed as follows:

m	*sing*	*plural*
	ends in a consonant	-i
	mono-syllable	-ovi
	mono-syllable ending in j, c, č, ć, š, đ, ž	-evi
	ends in -k	-ci
f	ends in -a	-e
	ends in a consonant	-i
n	ends in -o, -e	-a

restoran/restorani	restaurant/restaurants
plan/planovi	plan/plans
nož/noževi	knife/knives
vojnik/vojnici	soldier/soldiers
ruka/ruke	hand/hands
moć/moći	power/powers
selo/sela	village/villages
polje/polja	field/fields

Many neuters insert **-en** or **-et** before the plural ending:

ime/imena	name/names

Some nouns have an irregular plural:

čovjek/ljudi	man/men
otac/očevi	father/fathers
brat/braća	brother/brothers

GRAMMAR

Serbo-Croat has seven *CASES*.

The *nominative* is used for the subject of a sentence.

The *genitive* denotes possession (of) and is also used after the words **evo** (here is), **eno** (there is) and **koliko** (how many), after words like **nekoliko** (some), **mnogo** (a lot of), **malo** (a little) and nouns of measure like **litar** (litre), **komad** (piece) etc.

The *dative* denotes direction towards someone or something. It is used for the indirect object with verbs of giving, sending etc.

The *accusative* is used for the direct object of a sentence and after the prepositions: **kroz** (through), **pod** (under), **pred** (in front of), **u** (to, into), **niz** (down), **na** (on). As opposed to the locative, the accusative is used to express motion:

na more	to the sea
na moru (*loc*)	at the sea

The *vocative* is used when addressing someone by name.

The *instrumental* denotes the means whereby an action is carried out. It is also used in expressions of time, eg **nedjeljom** (on Sundays), **mjesecima** (for months), **godinama** (for years).

The *locative* is used after prepositions denoting location: **u Zagrebu** (in Zagreb), **na moru** (at the sea), **pri gradu** (near the town).

Masculine nouns have these case endings:

	narod (nation)		**kralj** (king)	
	sing	*pl*	*sing*	*pl*
N	narod	narodi	kralj	kraljevi
G	naroda	naroda	kralja	kraljeva
D	narodu	narodima	kralju	kraljevima
A	narod	narode	kralja	kraljeve
V	narode	narodi	kralju	kraljevi
I	narodom	narodima	kraljem	kraljevima
L	narodu	narodima	kralju	kraljevima

For nouns referring to people and animals the accusative is the same as the genitive. Otherwise the accusative is the same as the nominative.

GRAMMAR

Feminine nouns:

	žena (woman, wife)		**moć** (power)	
	sing	*pl*	*sing*	*pl*
N	žena	žene	moć	moći
G	žene	žena	moći	moći
D	ženi	ženama	moći	moćima
A	ženu	žene	moć	moći
V	ženo	žene	moći	moći
I	ženom	ženama	moći	moćima
L	ženi	ženama	moći	moćima

Neuter nouns:

	vino (wine)		**pitanje** (question)	
	sing	*pl*	*sing*	*pl*
N	vino	vina	pitanje	pitanja
G	vina	vina	pitanja	pitanja
D	vinu	vinima	pitanju	pitanjima
A	vino	vina	pitanje	pitanja
V	vino	vina	pitanje	pitanja
I	vinom	vinima	pitanjem	pitanjima
L	vinu	vinima	pitanju	pitanjima

	ime (name)		**dugme** (button)	
N	ime	imena	dugme	dugmeta
G	imena	imena	dugmeta	dugmeta
D	imenu	imenima	dugmetu	dugmetima
A	ime	imena	dugme	dugmeta
V	ime	imena	dugme	dugmeta
I	imenom	imenima	dugmetom	dugmetima
L	imenu	imenima	dugmetu	dugmetima

ADJECTIVES agree with their noun in number, gender and
case. There is a definite and an indefinite form of the adjective.
The indefinite form is usually used when the adjective comes
after the noun and so only has the nominative case.

moj stari auto je žut	my old car is yellow
moj žuti auto je star	my yellow car is old

Endings are:

	m	*f*	*n*
sing	**star**	**stara**	**staro**
pl	**stari**	**stare**	**stara**

GRAMMAR

DEFINITE ADJECTIVES have the following endings:

stari (old)

	singular			*plural*		
	m	f	n	m	f	n
N	stari	stare	staro	stari	stare	stara
G	starog	stare	starog	starih	starih	starih
D	starom	staroj	starom	starim	starim	starim
A	stari or staru starog	staru	staro	stare	stare	stara
V	stari	stara	staro	stari	stare	stara
I	starim	starom	starim	starim	starim	starim
L	starom	staroj	starom	starim	starim	starim

in my old car   u mom starom autu

The **COMPARATIVE** is usually formed with the following endings:

	singular			*plural*		
	m	f	n	m	f	n
crn	crniji	crnija	crnije	crniji	crnije	crnija

(black)

Some different forms:

blizak (close)	**bliži** (closer)
dalek (far)	**dalji** (further)
dubok (deep)	**dublji** (deeper)
kratak (short)	**kraći** (shorter)
širok (wide)	**širi** (wider)
težak (heavy, hard)	**teži** (heavier, harder)

The following have irregular comparatives:

dobar (good)	**bolji** (better)
loš (bad)	**gori** (worse)
velik (big)	**veći** (bigger)
malen (small)	**manji** (smaller)

'than' is **od**:

> **it's more expensive than our hotel**
> skuplji je od našeg hotela

The **SUPERLATIVE** is formed by adding **naj-** to the comparative:

bolji (better)	**najbolji** (the best)

GRAMMAR

DEMONSTRATIVE adjectives and pronouns are **ovaj** (this)
and **taj** or **onaj** (that). **taj** refers to something nearer the
speaker, **onaj** to something further away. All three decline as
follows:

	singular			*plural*		
	m	*f*	*n*	*m*	*f*	*n*
N	**ovaj**	**ova**	**ovo**	**ovi**	**ove**	**ova**
G	**ovog**	**ove**	**ovog**	**ovih**	**ovih**	**ovih**
D	**ovom**	**ovoj**	**ovom**	**ovim**	**ovim**	**ovim**
A	**ovaj** or **ovog**	**ovu**	**ovo**	**ove**	**ove**	**ova**
I	**ovim**	**ovom**	**ovim**	**ovim**	**ovim**	**ovim**
L	**ovom**	**ovoj**	**ovom**	**ovim**	**ovim**	**ovim**

The accusative masculine singular has two forms. The form
which is the same as the genitive is used when the noun refers
to a person or animal.

POSSESSIVE ADJECTIVES (my, her etc) and *POSSESSIVE
PRONOUNS* (mine, hers etc) are the same:

moj (my)
singular

	m	*f*	*n*
N	**moj**	**moja**	**moje**
G	**mog**	**moje**	**mog**
D	**mom**	**mojoj**	**mom**
A	**moj** or **mog**	**moju**	**moje**
I	**mojim**	**mojom**	**mojim**
L	**mom**	**mojoj**	**mom**

plural

N	**moji**	**moje**	**moja**
G	**mojih**	**mojih**	**mojih**
D	**mojim**	**mojim**	**mojim**
A	**moje**	**moje**	**moja**
I	**mojim**	**mojim**	**mojim**
L	**mojim**	**mojim**	**mojim**

tvoj (your) is declined in the same way.

in my pocket
u mom džepu

my husband's passport
pasoš mog muža

GRAMMAR

njegov (his)

singular

	m	f	n
N	njegov	njegova	njegovo
G	njegovog	njegove	njegovog
D	njegovom	njegovoj	njegovom
A	njegov	njegovu	njegovo
I	njegovim	njegovom	njegovim
L	njegovom	njegovoj	njegovom

plural

	m	f	n
N	njegovi	njegove	njegova
G	njegovih	njegovih	njegovih
D	njegovim	njegovim	njegovim
A	njegove	njegove	njegova
I	njegovim	njegovim	njegovim
L	njegovim	njegovim	njegovim

to je njegova kniga
that's his book

išla je s njegovim prijateljima
she went with his friends

njen (her) and **njihov** (their) are declined in the same way.

naš (our)

	singular			*plural*		
	m	f	n	m	f	n
N	naš	naša	naše	naši	naše	naša
G	našeg	naše	našeg	naših	naših	naših
D	našem	našoj	našem	našim	našim	našim
A	naš or našu	naše	naše	naše	naša
	našeg					
I	našim	našom	našim	našim	našim	našim
L	našem	našom	našem	našim	našim	našim

vaš (your) — the polite form — is declined in the same way.

in our room
u našoj soba

GRAMMAR

PERSONAL PRONOUNS are:

N	**ja** (I)	**ti** (you)	**on** (he)	**ona** (she)	**ono** (it)
G	**mene, me**	**tebe, te**	**njega, ga**	**nje, je**	**njega, ga**
D	**meni, mi**	**tebi, ti**	**njemu, mu**	**njoj, joj**	**njemu, mu**
A	**mene, mi**	**tebe, te**	**njega, ga**	**nju, je**	**njega, ga**
I	**mnom**	**tobom**	**njim**	**njom**	**njim**
L	**meni**	**tebi**	**njemu**	**njoj**	**njemu**

N	**mi** (we)	**vi** (you)	**oni, one, ona** (they)
G	**nas**	**vas**	**njih, ih**
D	**nama, nam**	**vama, vam**	**njima, im**
A	**nas**	**vas**	**njih, ih**
I	**nama**	**vama**	**njima**
L	**nama**	**vama**	**njima**

> **come with us**
> dođite s nama

The long stressed forms of the personal pronouns are used for emphasis and after prepositions. The short forms cannot start a sentence.

Personal pronouns are usually omitted as subjects:

> **gdje je?**
> where is he/she/it?

> **ne znam**
> I don't know

But they are used for emphasis:

> **on gleda dok ja radim**
> he watches while I work

> **who is it? — me/us**
> tko je? — ja sam/mi smo

> **that's him!**
> to je on!

There are two forms for *YOU*. **ti** is used with friends and family, to talk to a child and between young people. **vi** is a more formal way of talking to people you don't know as friends. It is also the plural of **ti**. **vi** always takes a plural verb.

GRAMMAR

VERBS

Here are some examples of *PRESENT TENSE* verb endings:

čitati (to read)	moliti (to ask)	kupovati (to buy)
čitam (I)	molim	kupujem
čitaš (you)	moliš	kupuješ
čita (he/she/it)	moli	kupuje
čitamo (we)	molimo	kupujemo
čitate (you)	molite	kupujete
čitaju (they)	mole	kupuju

For the *NEGATIVE* put **ne** in front of the verb.

The verb **imati** (to have) has a special negative form:
neman, nemaš, nema, nemamo, nemate, nemaju.

biti (to be) is irregular:

	negative	
jesam, sam	nisam	I am/I am not
jesi, si	nisi	you are/you are not
jest, je	nije	he, she, it is/he, she, it is not
jesmo, smo	nismo	we are/we are not
jeste, ste	niste	you are/you are not
jesu, su	nisu	they are/they are not

The long forms are used at the beginning of a sentence, for emphasis or when answering simply 'I am'.

jeste li profesori?	are you teachers?
jesmo	yes, we are

Other useful irregular verbs are:

htjeti (to want)		moći (to be able)	ići (to go)
	negative		
hoću	neću	mogu	idem
hoćeš	nećeš	možeš	ideš
hoće	neće	može	ide
hoćemo	nećemo	možemo	idemo
hoćete	nećete	možete	idete
hoće	neće	mogu	idu

126

GRAMMAR

The *PAST TENSE* is made up of the short form of the present tense of the verb **biti** (to be) and the past participle of the verb in question. To form the participle of verbs ending in -ti (**čitati**, **moliti**, **kupovati**) drop the **-ti** and add these endings:

	sing	pl	sing	pl
m	čita-o	čita-li	kupova-o	kupova-li
f	čita-la	čita-le	kupova-la	kupova-le
n	čita-lo	čita-la	kupova-lo	kupova-la

The past tense of **biti** (to be) is:

ja sam bio/bila	mi smo bili/bile
ti si bio/bila	vi ste bili/bile
on je bio	oni su bili
ona je bila	one su bile
ono je bilo	ona su bila

Note that there is a feminine and plural form for the past tense. The pronoun is usually omitted and the word order reversed when the past tense comes at the start of a sentence:

bio sam žedan (said by a man)	I was thirsty
bila sam umorna (said by a woman)	I was tired
čitao je knjigu	he was reading a book

The *NEGATIVE PAST TENSE* is formed with the negative of the verb **biti** (to be) (given above) and the past participle of the verb:

nisam otišao	I didn't go
nije čula	she didn't hear

The *FUTURE TENSE* is formed by using the short form of the present tense of the verb **htjeti** (to want) and the infinitive of the verb in question (less the final **-i** of verbs ending in -ti).

pisati (to write)

pisat ću	I will write	**pisat ćemo**	we will ...
pisat ćeš	you ...	**pisat ćete**	you will ...
pisat će	he/she/it ...	**pisat će**	they will ...

But if **ću** etc comes before the infinitive the final **-i** of the infinitive is not dropped:

ja ću vam pisati	I will write to you

To ask a *QUESTION* use the words **da li** + the verb:

da li znate ...?	do you know ...?

CONVERSION TABLES

metres
  1 metre = 39.37 inches or 1.09 yards

kilometres
  1 kilometre = 0.62 or approximately ⅝ mile

to convert kilometres to miles: divide by 8 and multiply by 5

kilometres:	2	3	4	5	10	100
miles:	1.25	1.9	2.5	3.1	6.25	62.5

miles
to convert miles to kilometres: divide by 5 and multiply by 8

miles:	1	3	5	10	20	100
kilometres:	1.6	4.8	8	16	32	160

kilos
  1 kilo = 2.2 or approximately 1⅕ pounds

to convert kilos to pounds: divide by 5 and multiply by 11

kilos:	4	5	10	20	30	40
pounds:	8.8	11	22	44	66	88

pounds
  1 pound = 0.45 or approximately 5/11 kilo

litres
  1 litre = approximately 1¾ pints or 0.22 gallons

Celsius
to convert to Fahrenheit: divide by 5, multiply by 9, add 32

Celsius:	10	15	20	25	28	30	34
Fahrenheit:	50	59	68	77	82	86	93

Fahrenheit
to convert Fahrenheit to Celsius: subtract 32, multiply by 5, divide by 9